Mariusz Łukasik

Club 1/72
Aircraft drawings
The best of Mariusz Łukasik

Table of Contents/Spis treści

Club 1/72. Aircraft drawings. The best of Mariusz Łukasik • Mariusz Łukasik
First edition / Wydanie pierwsze • LUBLIN 2020 • ISBN 978-83-66673-19-9

© All rights reserved. / Wszystkie prawa zastrzeżone. Wykorzystywanie fragmentów tej książki do przedruków w gazetach i czasopismach,
w audycjach radiowych i programach telewizyjnych bez pisemnej zgody Wydawcy jest zabronione. Nazwa serii zastrzeżona. Printed in Poland/Wydrukowano w Polsce
Scale drawings / Rysunki techniczne: **Mariusz Łukasik** • Design: **KAGERO STUDIO**

Distribution / Dystrybucja: Kagero Publishing • www.kagero.pl • e-mail: kagero@kagero.pl, marketing@kagero.pl
Editorial Office, Marketing / Redakcja, Marketing: Kagero Publishing, ul. Akacjowa 100, os. Borek, Turka, 20-258 Lublin 62, Poland, phone/fax +48 81 501 21 05

Henschel Hs 123

Drawings/Rysował: Mariusz Łukasik

Hs 123 A-0

Scale/Skala: 1/72

0   0,5   1   2   3m

Henschel Hs 123

Hs 123 A-1

Scale/Skala: 1/72

0   0,5   1   2   3m

Henschel Hs 123

Hs 123 B-1

Scale/Skala: 1/72

0   0,5   1   2   3m

Henschel Hs 123

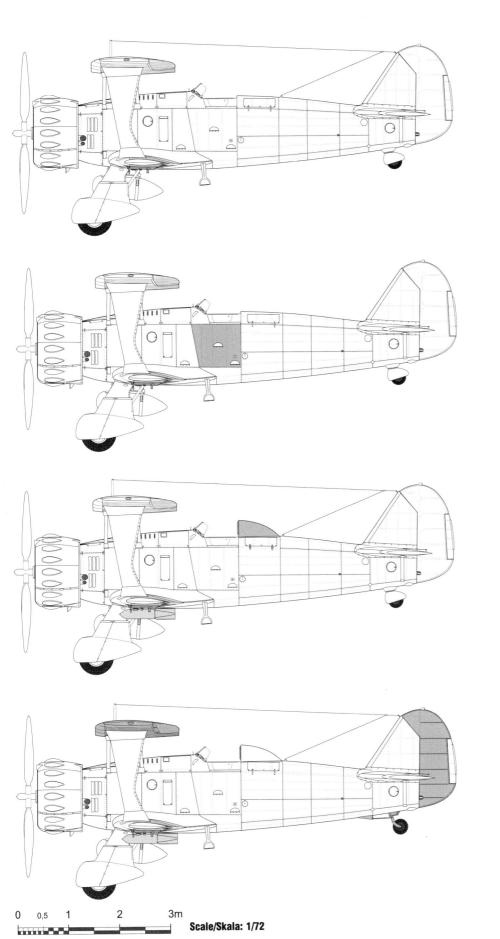

Hs 123 A-0

– first production version/
  pierwsza wersja produkcyjna

**Hs 123 A-1 early/wczesny
Spanish/hiszpański**

– armoured cockpit sides/ opancerzenie boków kabiny
– lack of radio equipment/ brak instalacji radiowej

Hs 123 A-1

– turtle deck/ kozioł przeciwkapotażowy
– armoured cockpit/ opancerzenie kabiny

Hs 123 B-1

– metal skinned wings and control surfaces/
  skrzydła i stery kryte blachą
– modified tailplane/
  zmodyfikowane usterzenie poziome
– modified tailwheel/
  zmodyfikowane kółko ogonowe

0   0,5   1   2   3m

Scale/Skala: 1/72

Arado Ar 196

Drawings/Rysował: Mariusz Łukasik

Ar 196 A-1 - port/ widok z lewej

Ar 196 A-1 - top/ widok z góry

Ar 196 A-1 fuselage - starboard/ widok z prawej

Ar 196 A-1 - front/ widok z przodu

Scale/Skala: 1/72

0   0,5   1   2   3m

Arado Ar 196

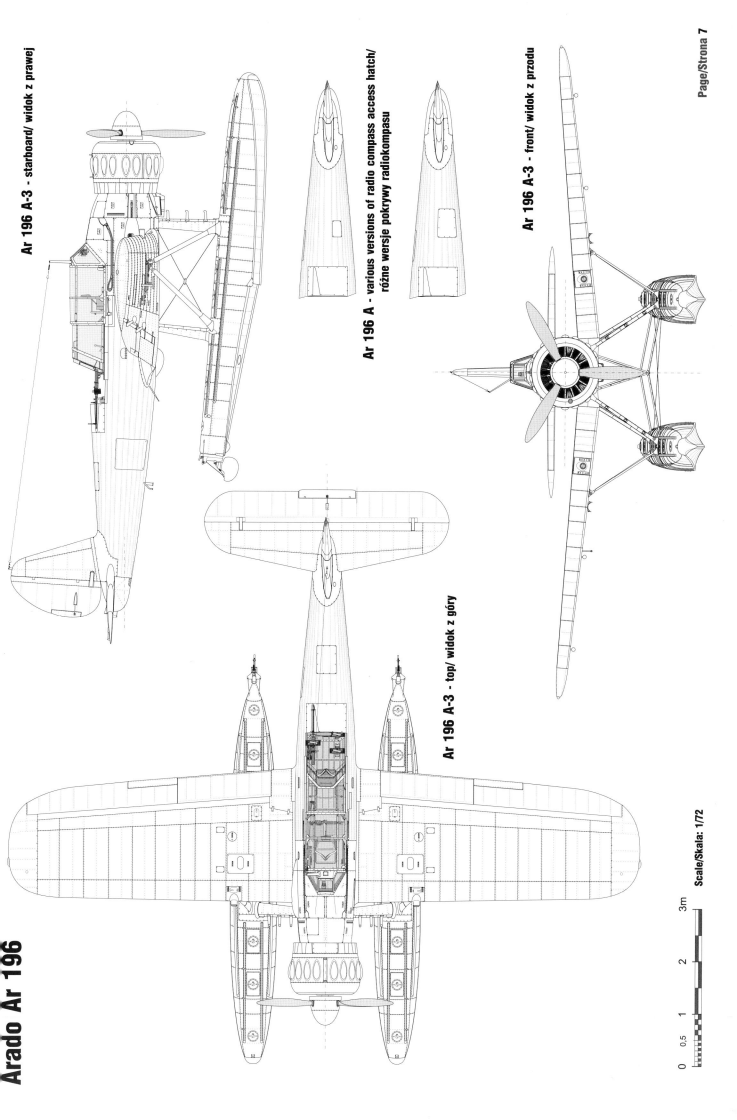

Ar 196 A-3 - starboard/ widok z prawej

Ar 196 A - various versions of radio compass access hatch/ różne wersje pokrywy radiokompasu

Ar 196 A-3 - front/ widok z przodu

Ar 196 A-3 - top/ widok z góry

Scale/Skala: 1/72

0   0,5   1   2   3m

Arado Ar 196

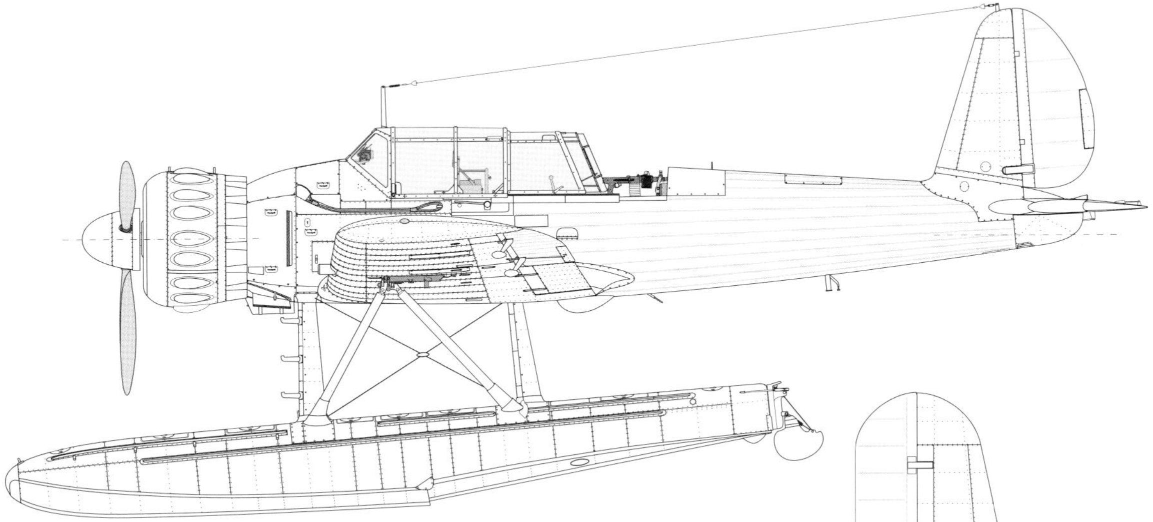

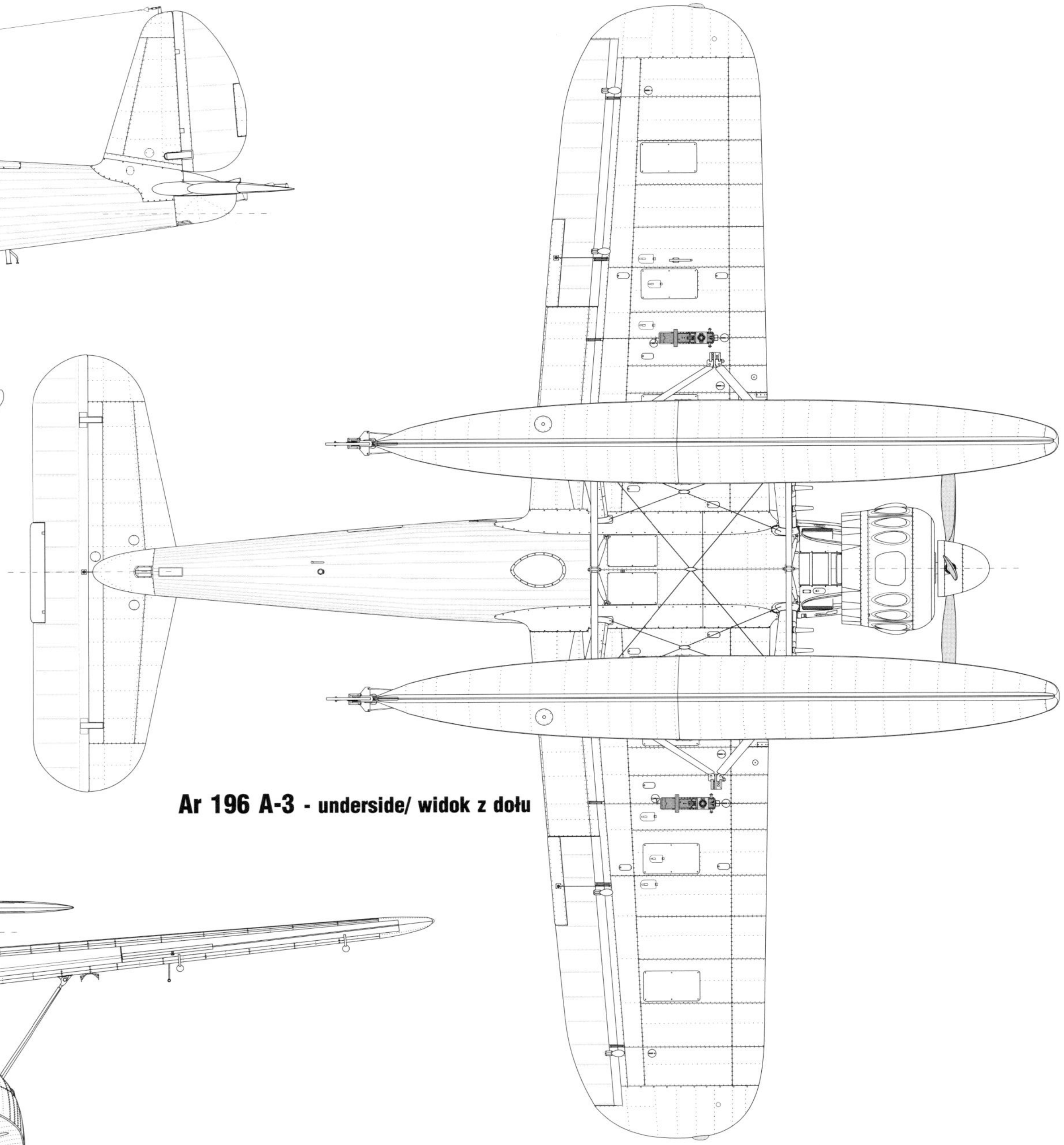

Ar 196 A-3 - underside/ widok z dołu

Ar 196 A-3 - port/ widok z lewej

Ar 196 A-3 - rear/ widok z tyłu

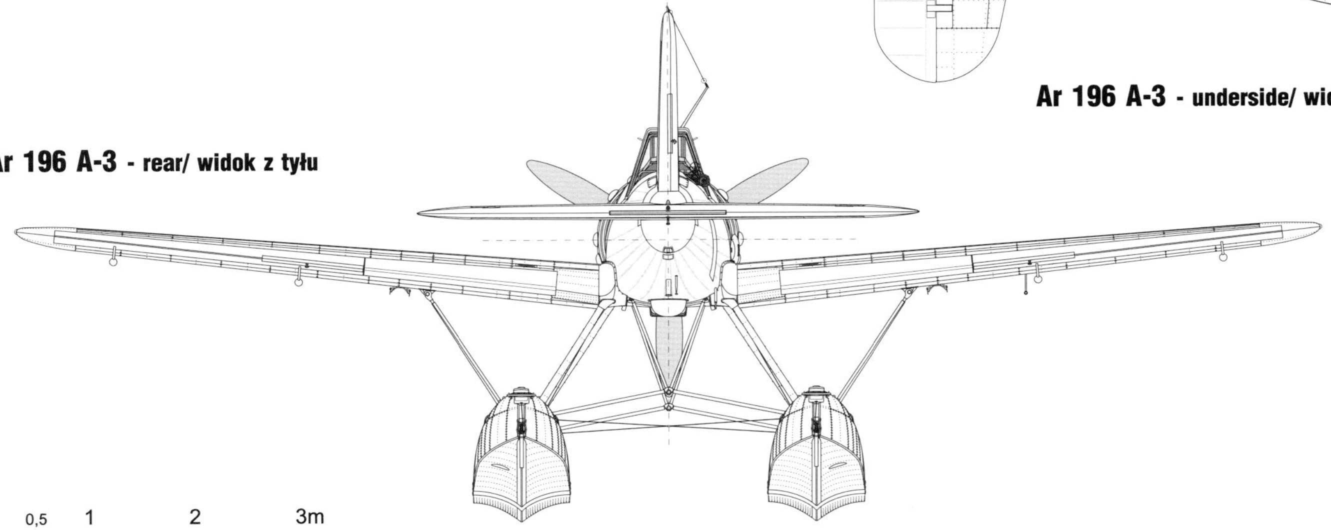

Scale/Skala: 1/72

0   0,5   1   2   3m

Arado Ar 196

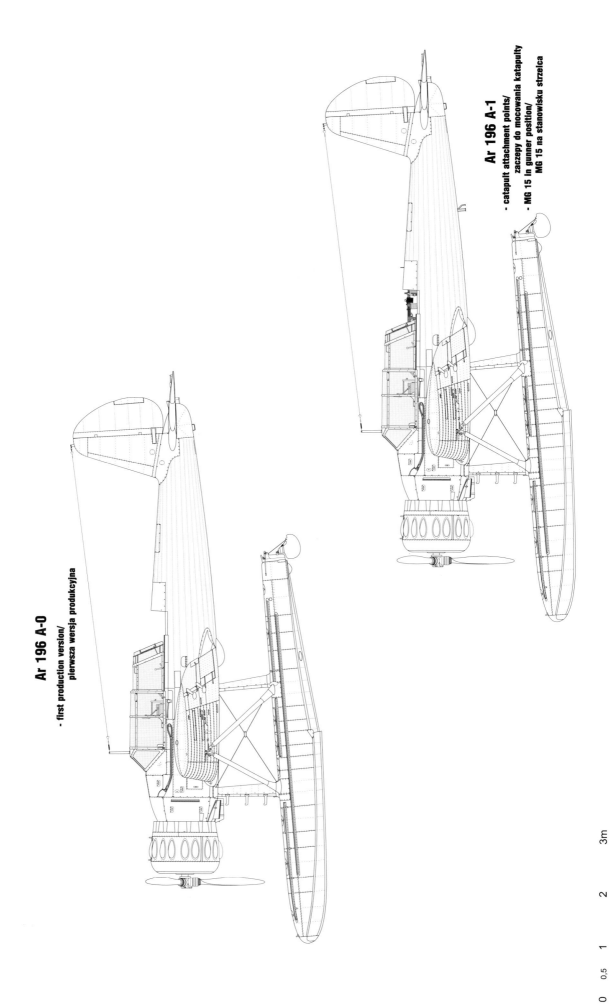

Ar 196 A-0

- first production version/
  pierwsza wersja produkcyjna

Ar 196 A-1

- catapult attachment points/
  zaczepy do mocowania katapulty
- MG 15 in gunner position/
  MG 15 na stanowisku strzelca

Scale/Skala: 1/72

0   0,5   1   2   3m

Arado Ar 196

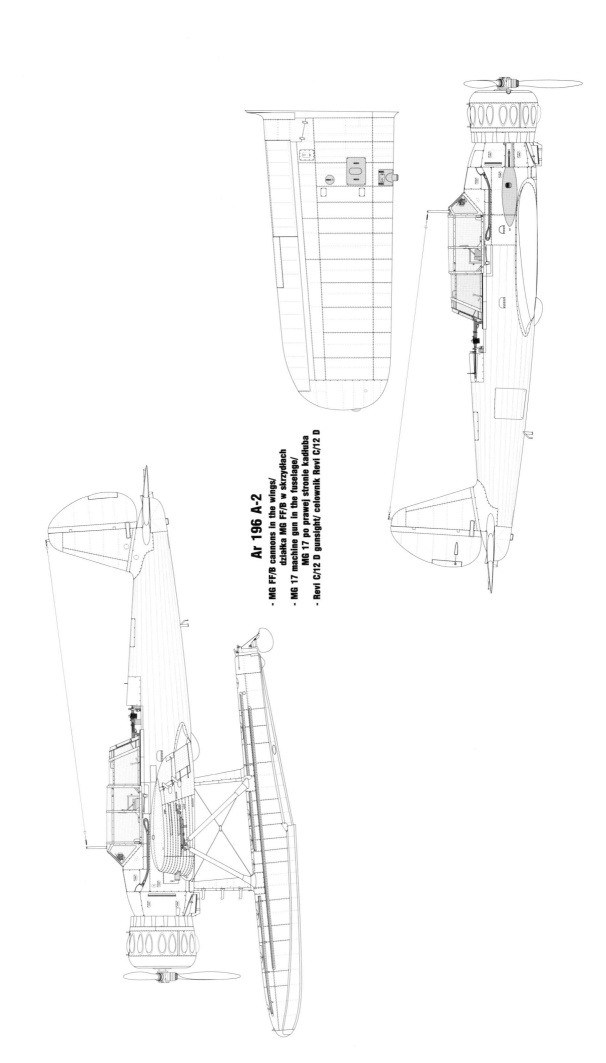

Ar 196 A-2
- MG FF/B cannons in the wings/
  działka MG FF/B w skrzydłach
- MG 17 machine gun in the fuselage/
  MG 17 po prawej stronie kadłuba
- Revi C/12 D gunsight/ celownik Revi C/12 D

Scale/Skala: 1/72

0   0,5   1   2   3m

Arado Ar 196

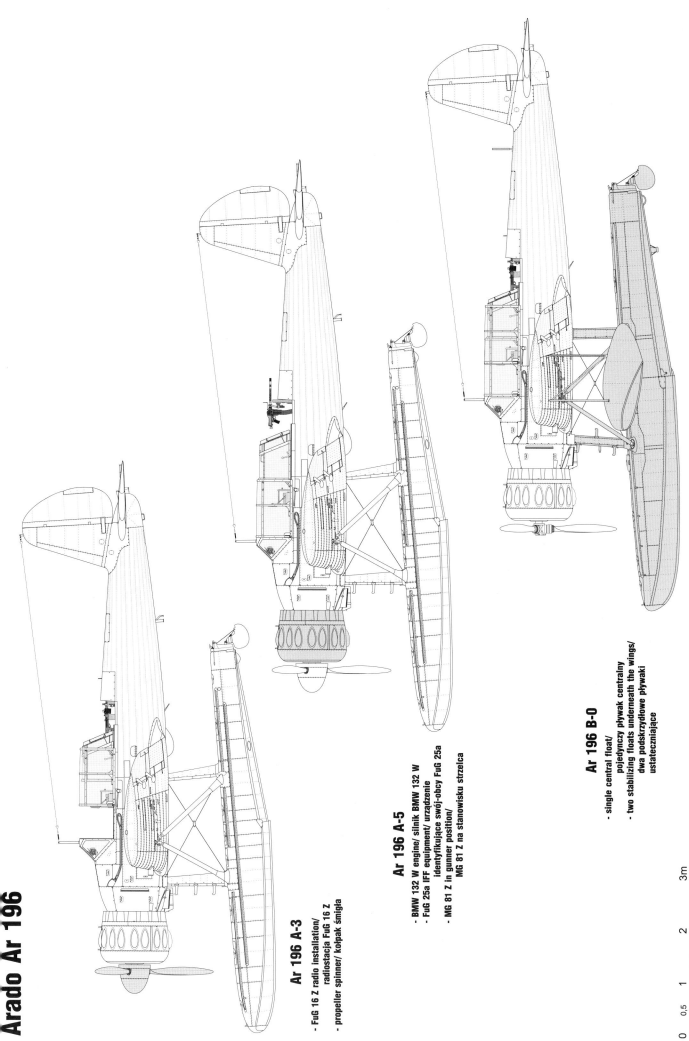

Ar 196 A-3

- FuG 16 Z radio installation/
  radiostacja FuG 16 Z
- propeller spinner/ kołpak śmigła

Ar 196 A-5

- BMW 132 W engine/ silnik BMW 132 W
- FuG 25a IFF equipment/ urządzenie
  identyfikujące swój-obcy FuG 25a
- MG 81 Z in gunner position/
  MG 81 Z na stanowisku strzelca

Ar 196 B-0

- single central float/
  pojedynczy pływak centralny
- two stabilizing floats underneath the wings/
  dwa podskrzydłowe pływaki
  ustateczniające

Scale/Skala: 1/72

0   0,5   1   2   3m

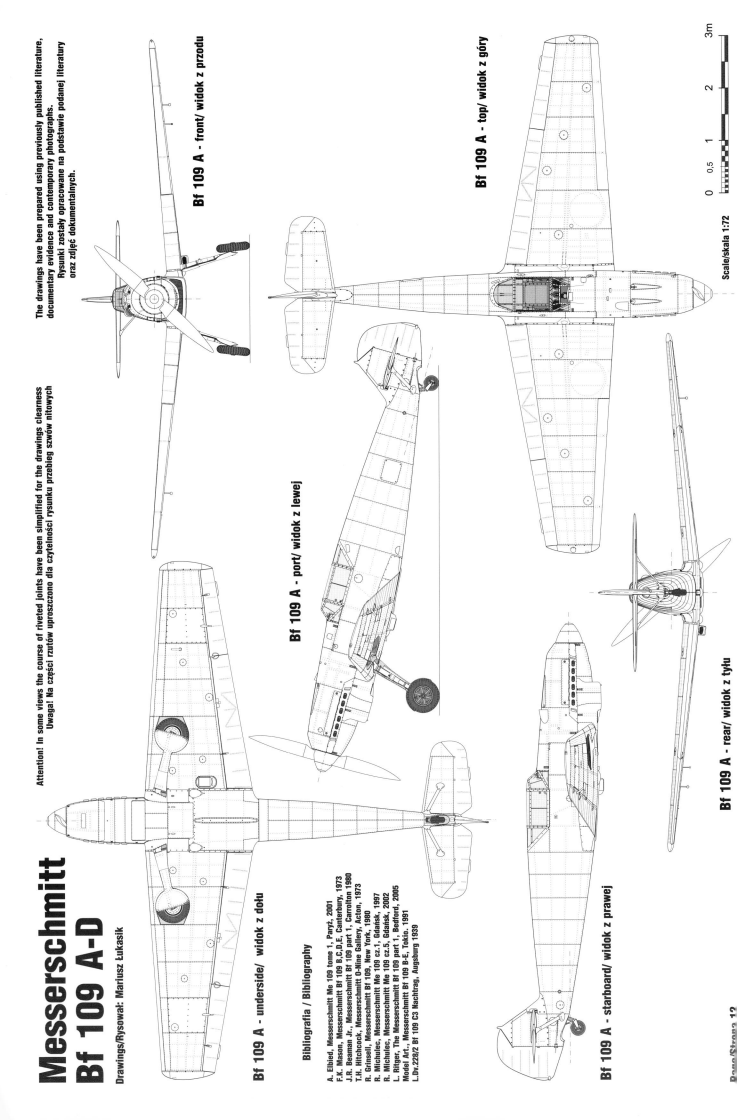

Messerschmitt
Bf 109 A-D

Drawings/Rysował: Mariusz Łukasik

Bf 109 A - underside/ widok z dołu

Bibliografia / Bibliography

A. Elbied, Messerschmitt Me 109 tome 1, Paryż, 2001
F.K. Mason, Messerschmitt Bf 109 B.C.D.E, Canterbury, 1973
J.R. Beaman Jr., Messerschmitt Bf 109 part 1, Carrolton 1980
T.H. Hitchcock, Messerschmitt O-Nine Gallery, Acton, 1973
R. Grinsell, Messerschmitt Bf 109, New York, 1980
R. Michulec, Messerschmitt Me 109 cz.1, Gdańsk, 1997
R. Michulec, Messerschmitt Me 109 cz.5, Gdańsk, 2002
L. Ritger, The Messerschmitt Bf 109 part 1, Bedford, 2005
Model Art., Messerschmitt Bf 109 B-E, Tokio. 1991
L.Dv.228/2 Bf 109 C3 Nachtrag, Augsburg 1939

The drawings have been prepared using previously published literature, documentary evidence and contemporary photographs.
Rysunki zostały opracowane na podstawie podanej literatury oraz zdjęć dokumentalnych.

Bf 109 A - front/ widok z przodu

Attention! In some views the course of riveted joints have been simplified for the drawings clearness
Uwaga! Na części rzutów uproszczono dla czytelności rysunku przebieg szwów nitowych

Bf 109 A - port/ widok z lewej

Bf 109 A - starboard/ widok z prawej

Bf 109 A - top/ widok z góry

Scale/skala 1:72

Bf 109 A - rear/ widok z tyłu

0 0,5 1 2 3m

Messerschmitt Bf 109 A-D

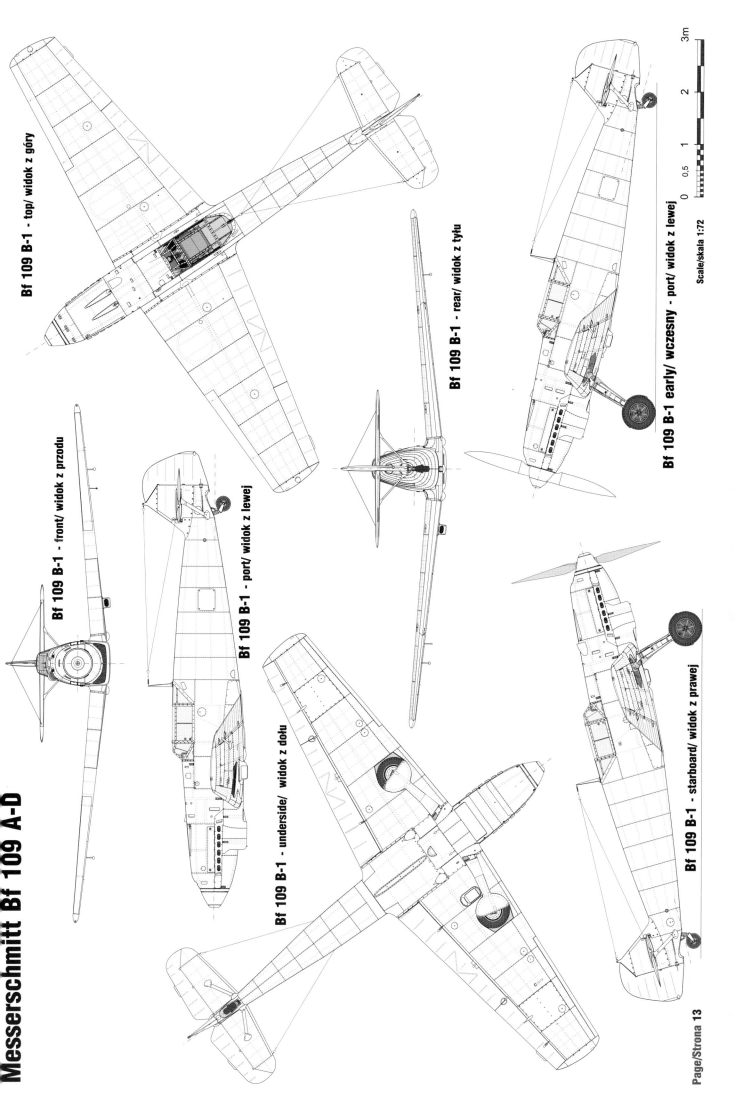

Bf 109 B-1 - top/ widok z góry

Bf 109 B-1 - front/ widok z przodu

Bf 109 B-1 - port/ widok z lewej

Bf 109 B-1 - rear/ widok z tyłu

Bf 109 B-1 - underside/ widok z dołu

Bf 109 B-1 - early/ wczesny - port/ widok z lewej

Bf 109 B-1 - starboard/ widok z prawej

Scale/skala 1:72

0   0,5   1   2   3m

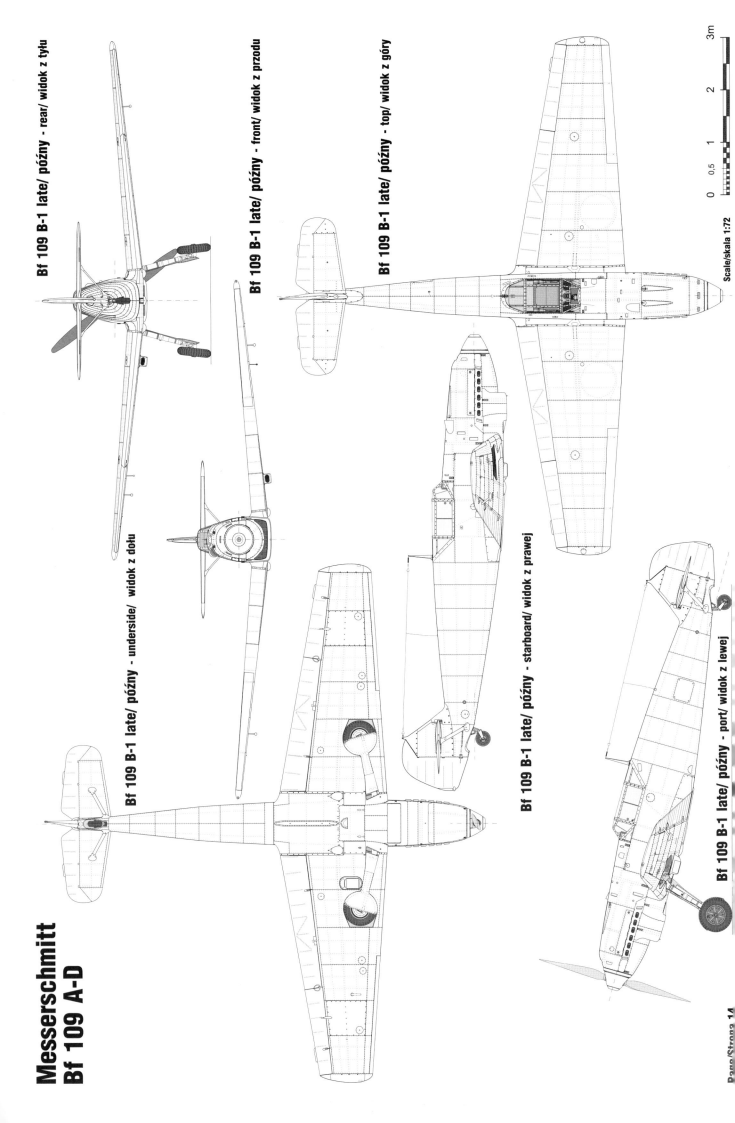

Messerschmitt
Bf 109 A-D

Bf 109 B-1 late/ późny - rear/ widok z tyłu

Bf 109 B-1 late/ późny - front/ widok z przodu

Bf 109 B-1 late/ późny - top/ widok z góry

Bf 109 B-1 late/ późny - underside/ widok z dołu

Bf 109 B-1 late/ późny - starboard/ widok z prawej

Bf 109 B-1 late/ późny - port/ widok z lewej

Scale/skala 1:72

0   0,5   1   2   3m

Messerschmitt
Bf 109 A-D

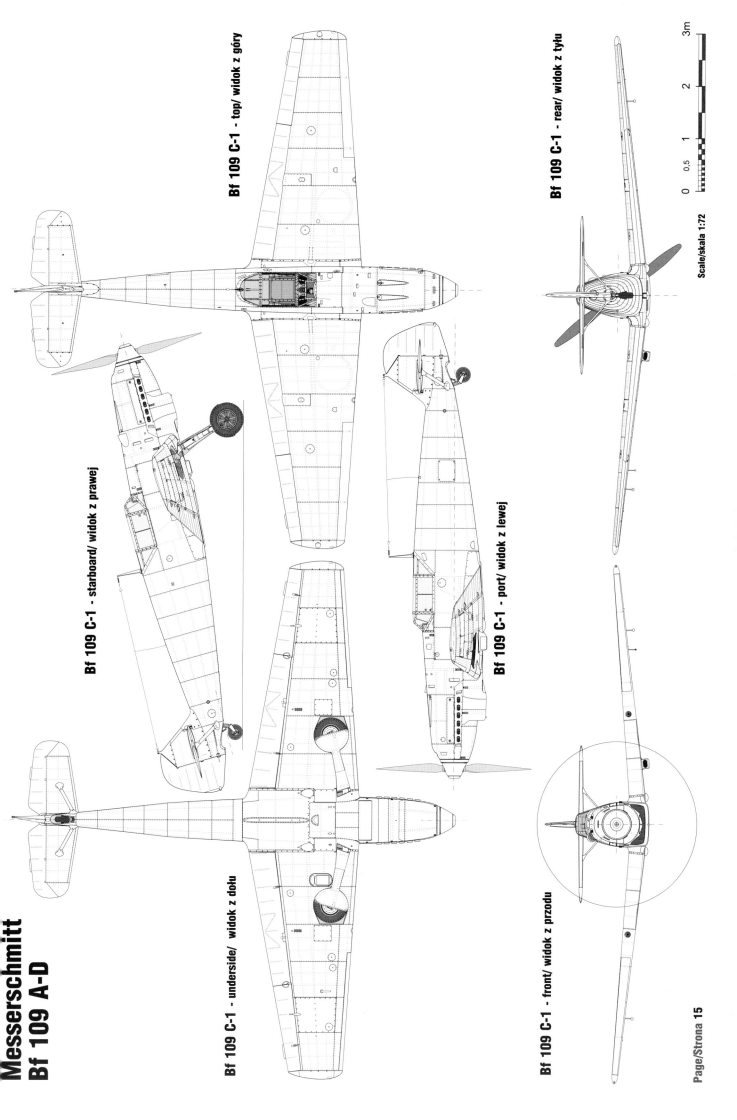

Bf 109 C-1 - top/ widok z góry

Bf 109 C-1 - starboard/ widok z prawej

Bf 109 C-1 - rear/ widok z tyłu

Bf 109 C-1 - underside/ widok z dołu

Bf 109 C-1 - port/ widok z lewej

Bf 109 C-1 - front/ widok z przodu

Scale/skala 1:72

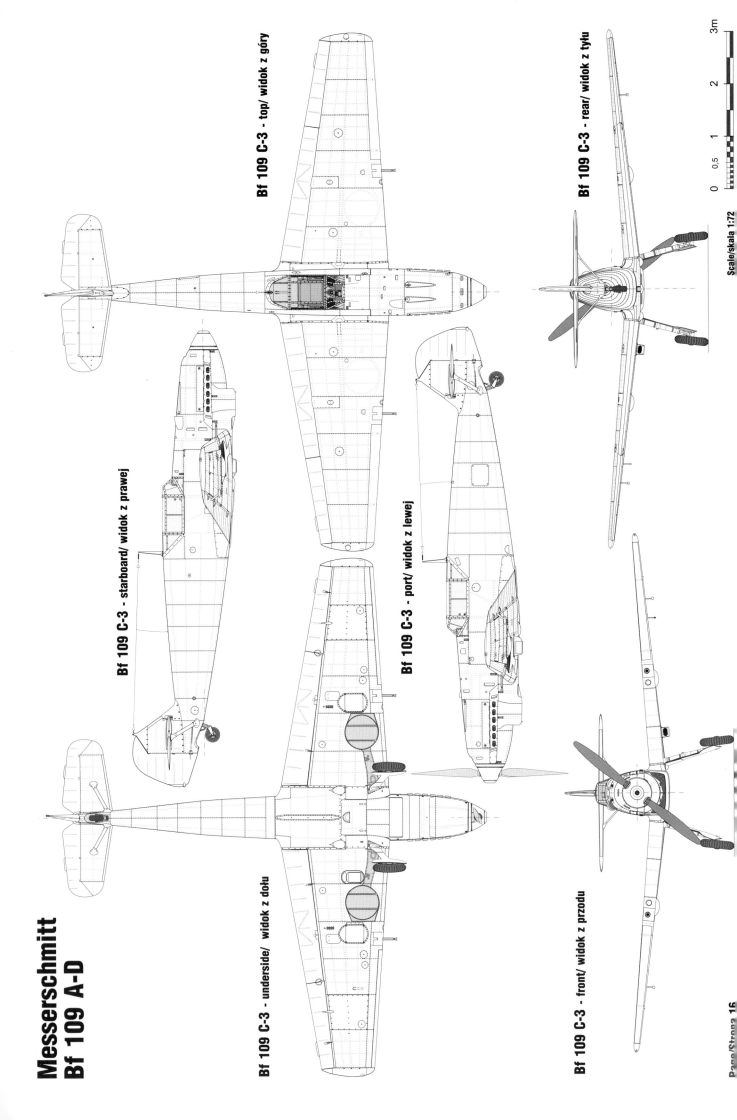

Messerschmitt Bf 109 A-D

Bf 109 C-3 - top/ widok z góry

Bf 109 C-3 - rear/ widok z tyłu

Bf 109 C-3 - starboard/ widok z prawej

Bf 109 C-3 - port/ widok z lewej

Bf 109 C-3 - underside/ widok z dołu

Bf 109 C-3 - front/ widok z przodu

3m
2
1
0,5
0

Scale/skala 1:72

Messerschmitt
Bf 109 A-D

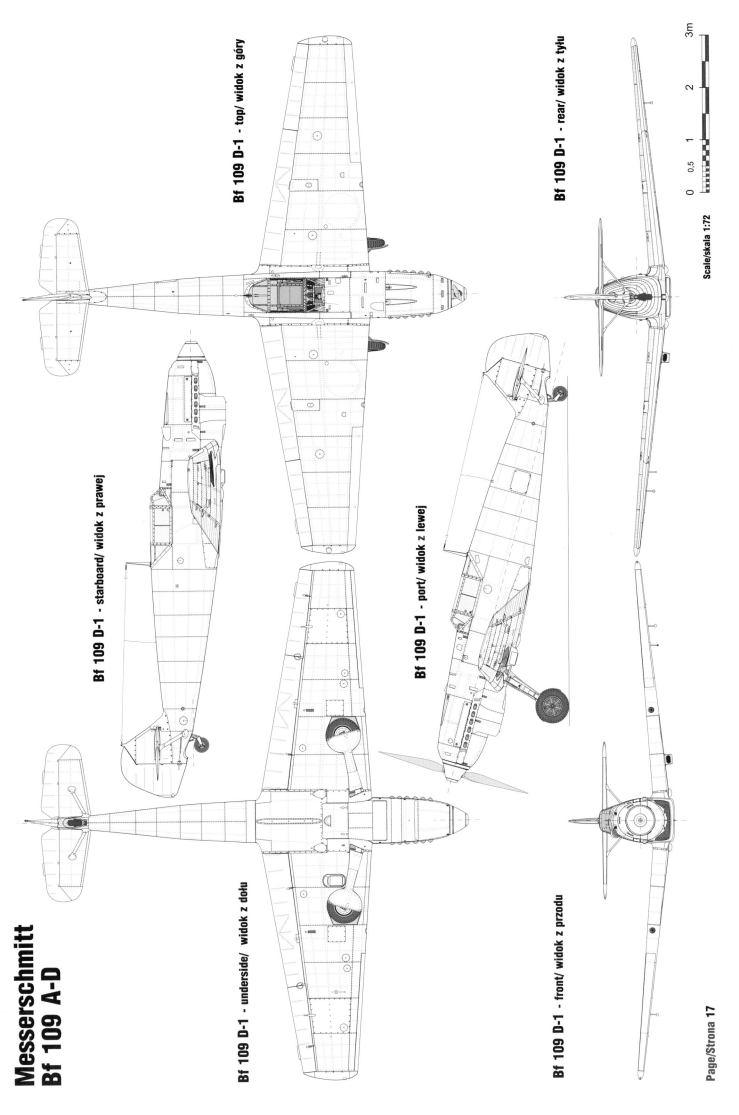

Bf 109 D-1 - top/ widok z góry

Bf 109 D-1 - starboard/ widok z prawej

Bf 109 D-1 - rear/ widok z tyłu

Bf 109 D-1 - underside/ widok z dołu

Bf 109 D-1 - port/ widok z lewej

Bf 109 D-1 - front/ widok z przodu

0   0,5   1   2   3m

Scale/skala 1:72

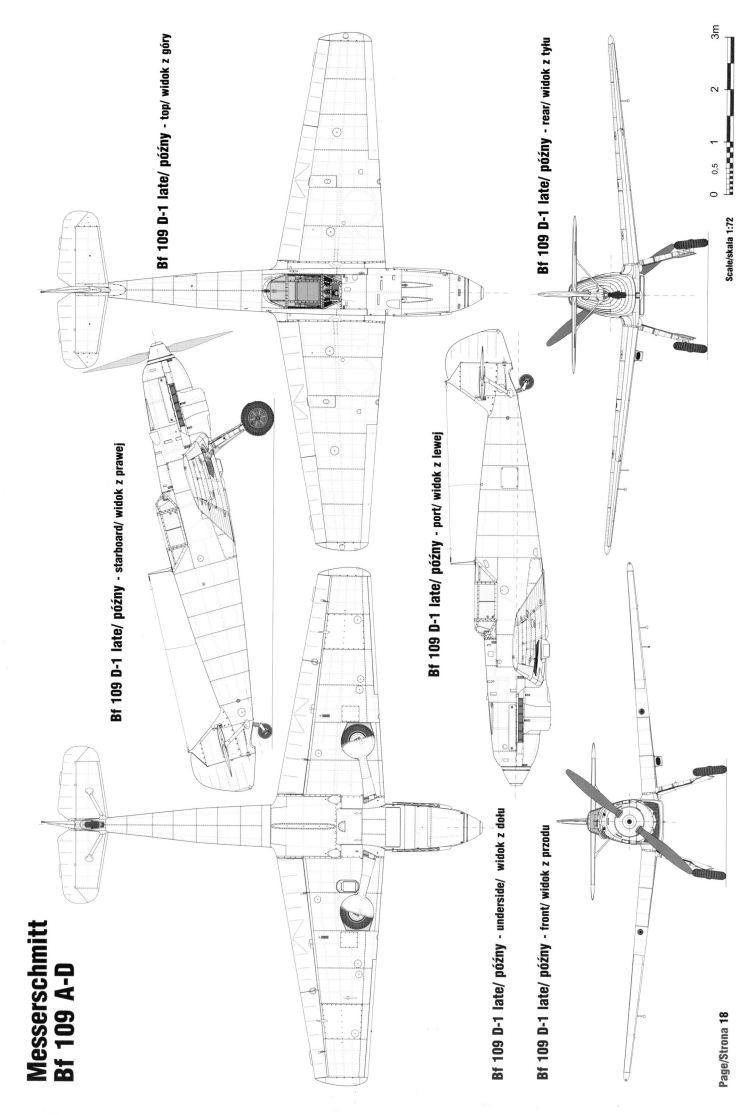

Messerschmitt
Bf 109 A-D

Bf 109 D-1 late/ późny - top/ widok z góry

Bf 109 D-1 late/ późny - starboard/ widok z prawej

Bf 109 D-1 late/ późny - rear/ widok z tyłu

Bf 109 D-1 late/ późny - port/ widok z lewej

Bf 109 D-1 late/ późny - underside/ widok z dołu

Bf 109 D-1 late/ późny - front/ widok z przodu

Scale/skala 1:72

0   0,5   1   2   3m

Messerschmitt
Bf 109 A-D

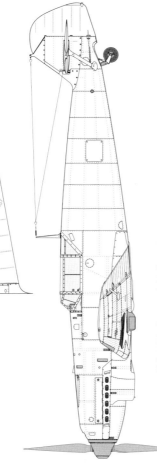

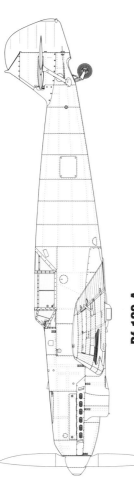

Bf 109 A

- Jumo 210B engine/ silnik Jumo 210B
- Schwarz wooden propeller/ drewniane śmigło Schwarz
- Revi 3C gunsight/ celownik Revi 3C

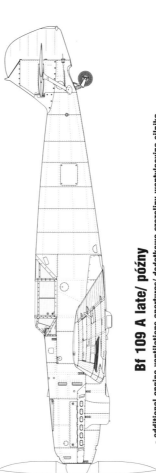

Bf 109 A late/ późny

- additional engine ventilations apertures/ dodatkowe szczeliny wentylacyjne silnika

Bf 109 B-1 aerly/ wczesny

- enlarged spinner/ zwiększony kołpak
- Jumo 210D engine/ silnik Jumo 210D
- FuG VII radio installation/ instalacja radia FuG VII

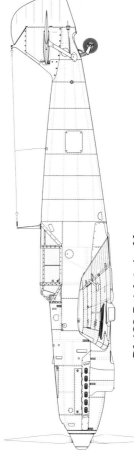

Bf 109 B-1 mid/ środkowy

- shifted oil radiator/ przeniesiona chłodnica oleju
- additional MG 17 placed between the engine cylinder block/ dodatkowy km MG 17 pomiędzy cylindrami silnika
- new spinner/ nowy kołpak
- VDM metal propeller/ metalowe śmigło VDM
- modified ventilation aperture system/ zmodyfikowany układ szczelin wentylacyjnych
- Revi C/12 C gunsight/ celownik Revi C/12 C
- shortened slots/ skrócone sloty

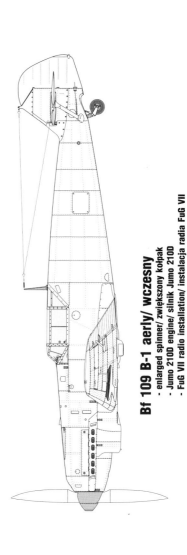

Bf 109 B-1 late/ późny

- modified aerial installation/ zmieniona instalacja antenowa

Scale/skala 1:72

0   0,5   1   2   3m

Messerschmitt
Bf 109 A-D

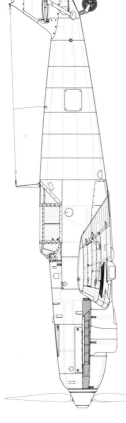

Bf 109 D-1

- Jumo 210Da engine/ silnik Jumo 210Da
- modified exhaust/ zmienione wydechy

Bf 109 D-1 late/ późny

- modified exhaust/ zmienione wydechy
- simplified undercarriage leg/ uproszczona goleń podwozia

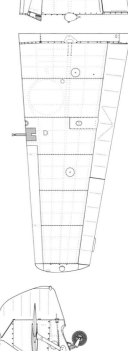

Bf 109 C-3

- MG FF cannons in the wing/ działka MG FF w skrzydłach

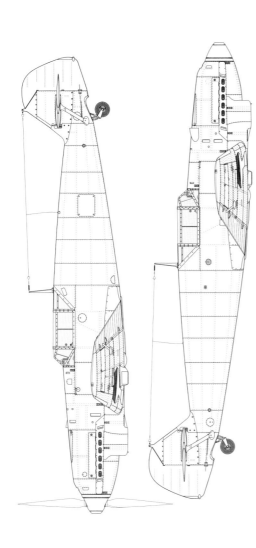

Bf 109 C-1

- Jumo 210G engine/ silnik Jumo 210G
- additional MG 17 mashine guns in the wings/ dodatkowe k-my MG 17 w skrzydłach
- shifted electric charge socket/ przeniesione gniazdo ładowania instalacji elektrycznej
- shifted oxygen installation charge socket/ przeniesione gniazdo ładowania instalacji tlenowej
- modified exhaust/ zmienione wydechy
- modified instrumental panel/ zmodyfikowana tablica przyrządów

Scale/skala 1:72

0   0,5   1   2   3m

Messerschmitt Bf 109 E

Drawings/Rysował: Mariusz Łukasik

The drawings have been prepared using previously published literature, documentary evidence and contemporary photographs.
Rysunki zostały opracowane na podstawie podanej literatury oraz zdjęć dokumentalnych.

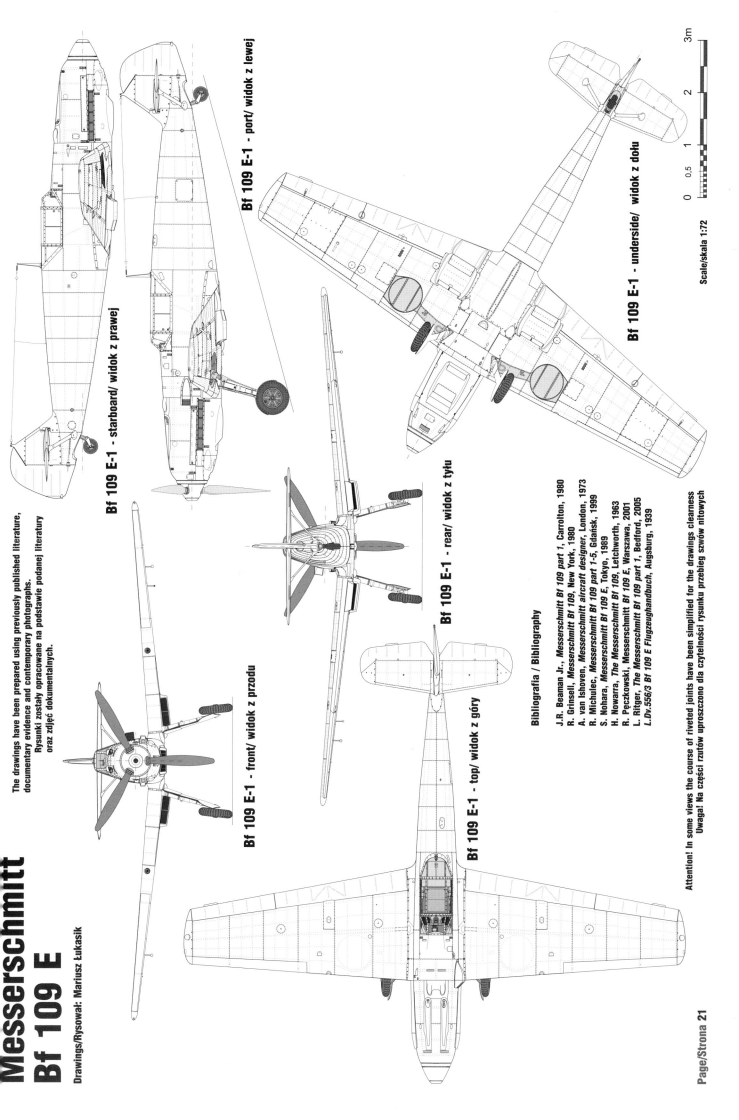

Bf 109 E-1 - starboard/ widok z prawej

Bf 109 E-1 - port/ widok z lewej

Bf 109 E-1 - underside/ widok z dołu

Bf 109 E-1 - front/ widok z przodu

Bf 109 E-1 - rear/ widok z tyłu

Bf 109 E-1 - top/ widok z góry

Scale/skala 1:72

Bibliografia / Bibliography

J.R. Beaman Jr., *Messerschmitt Bf 109 part 1*, Carrolton, 1980
R. Grinsell, *Messerschmitt Bf 109*, New York, 1980
A. van Ishoven, *Messerschmitt aircraft designer*, London, 1973
R. Michulec, *Messerschmitt Bf 109 part 1-5*, Gdańsk, 1999
S. Nohara, *Messerschmitt Bf 109 E*, Tokyo, 1989
H. Nowarra, *The Messerschmitt Bf 109*, Letchworth, 1963
R. Peczkowski, *Messerschmitt Bf 109 E*, Warszawa, 2001
L. Ritger, *The Messerschmitt Bf 109 part 1*, Bedford, 2005
L.Dv.556/3 Bf 109 E Flugzeughandbuch, Augsburg, 1939

Attention! In some views the course of riveted joints have been simplified for the drawings clearness
Uwaga! Na części rzutów uproszczono dla czytelności rysunku przebieg szwów nitowych

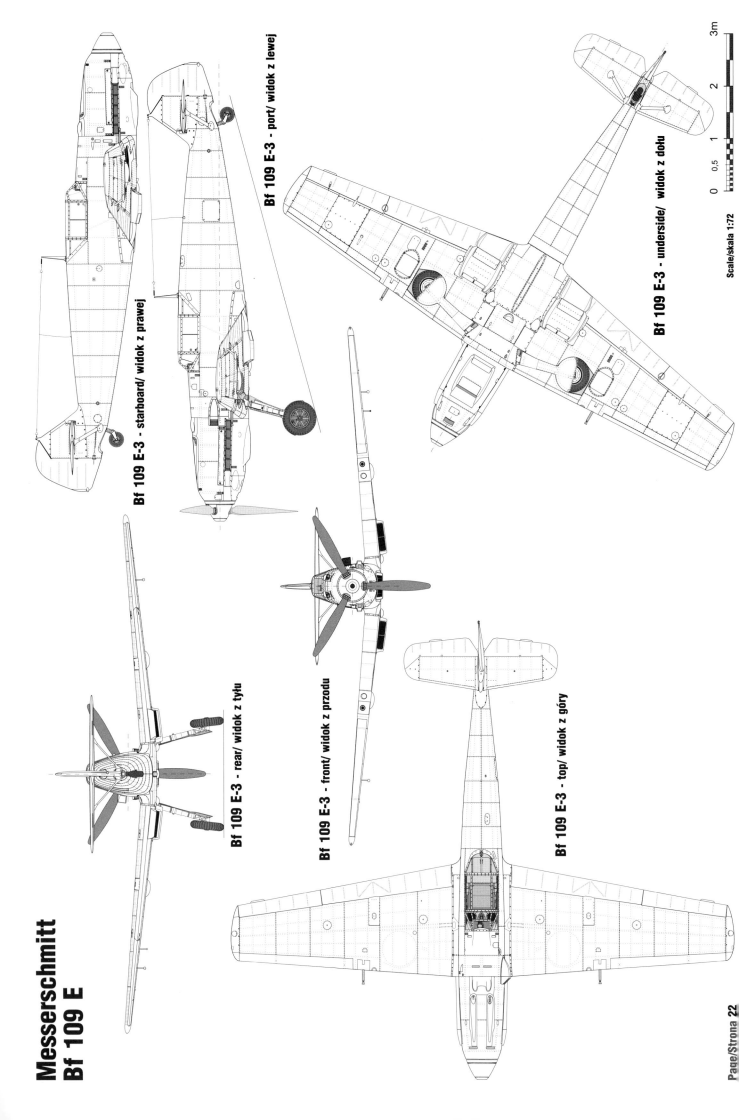

Messerschmitt Bf 109 E

Bf 109 E-3 - starboard/ widok z prawej

Bf 109 E-3 - port/ widok z lewej

Bf 109 E-3 - underside/ widok z dołu

Bf 109 E-3 - rear/ widok z tyłu

Bf 109 E-3 - front/ widok z przodu

Bf 109 E-3 - top/ widok z góry

Scale/skala 1:72

0   0,5   1   2   3m

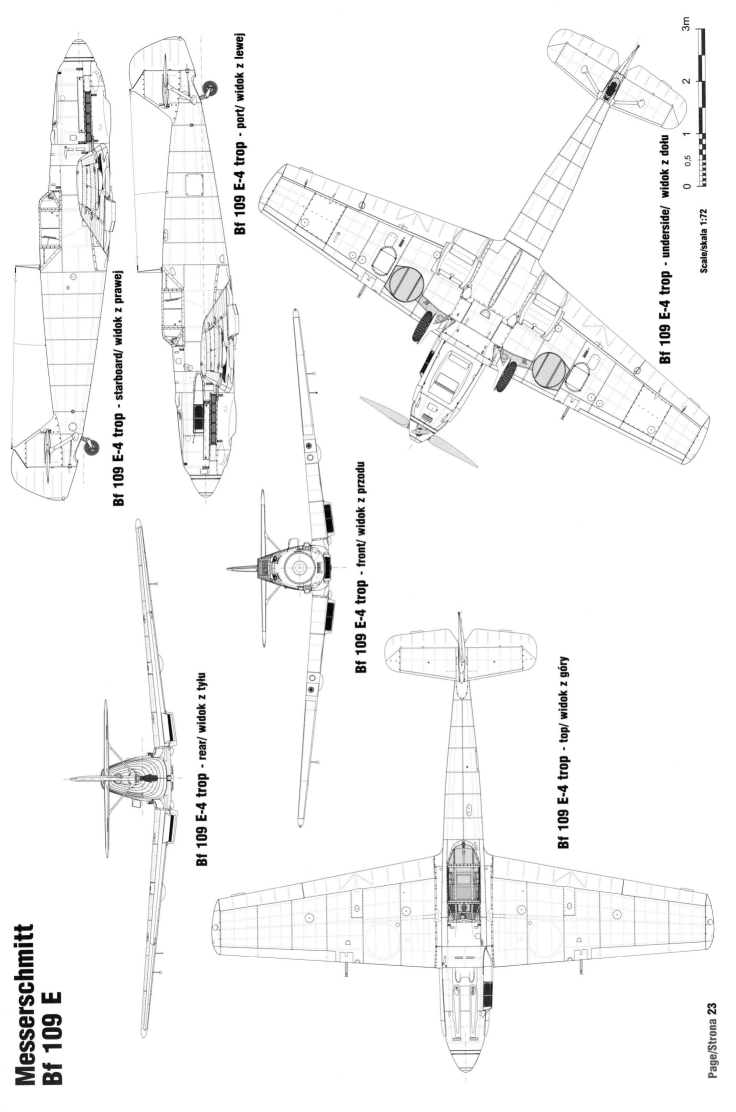

Messerschmitt Bf 109 E

Bf 109 E-4 trop - starboard/ widok z prawej

Bf 109 E-4 trop - port/ widok z lewej

Bf 109 E-4 trop - underside/ widok z dołu

Bf 109 E-4 trop - rear/ widok z tyłu

Bf 109 E-4 trop - front/ widok z przodu

Bf 109 E-4 trop - top/ widok z góry

Scale/skala 1:72

0   0,5   1   2   3m

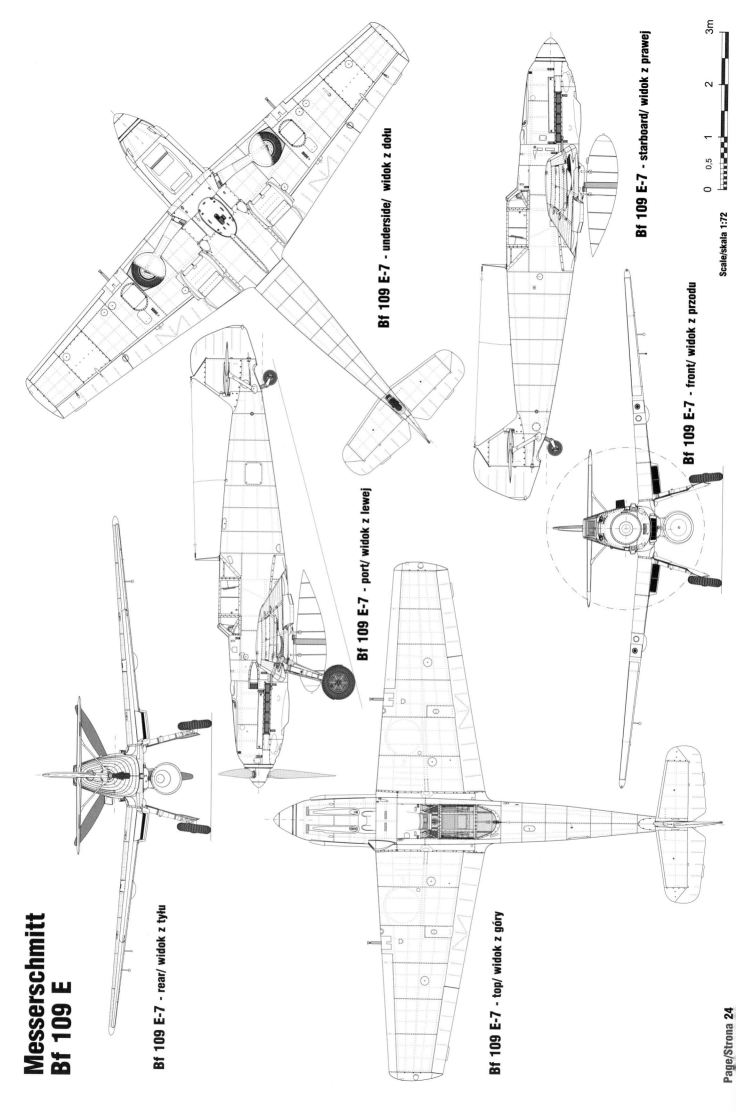

Messerschmitt
Bf 109 E

Bf 109 E-7 - rear/ widok z tyłu

Bf 109 E-7 - underside/ widok z dołu

Bf 109 E-7 - starboard/ widok z prawej

Bf 109 E-7 - port/ widok z lewej

Bf 109 E-7 - front/ widok z przodu

Bf 109 E-7 - top/ widok z góry

Scale/skala 1:72

3m

2

1

0,5

0

Messerschmitt Bf 109 E

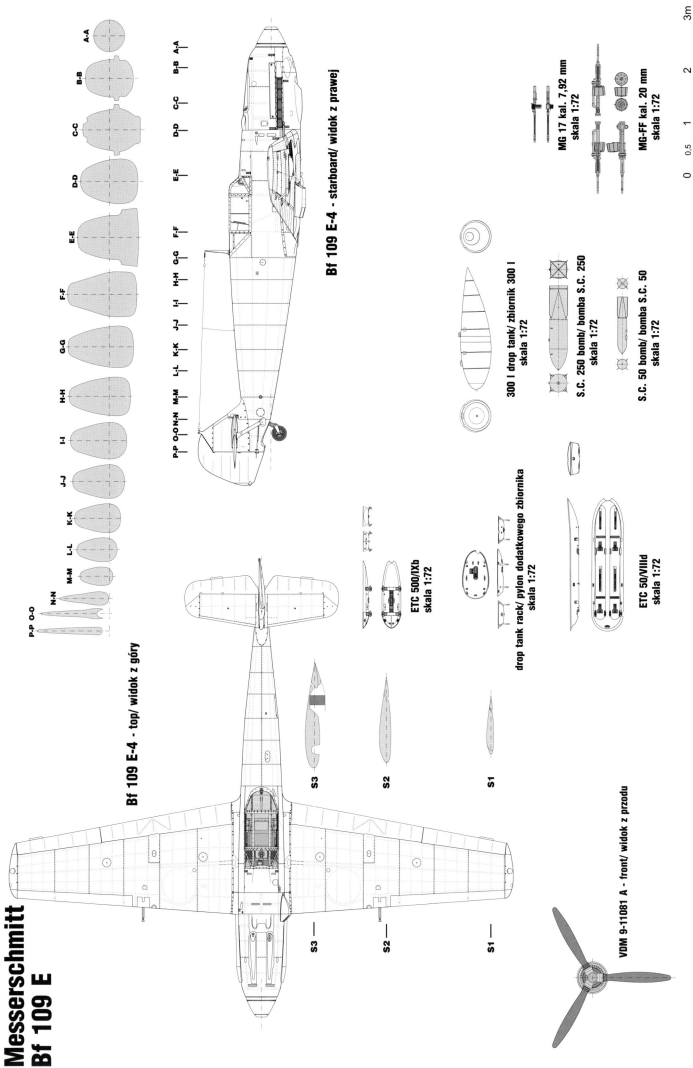

A-A B-B C-C D-D E-E F-F G-G H-H I-I J-J K-K L-L M-M N-N O-O P-P

B-B A-A
D-D C-C
E-E
F-F
G-G
H-H
I-I
J-J
K-K
L-L
M-M
N-N
O-O
P-P

Bf 109 E-4 - starboard/ widok z prawej

Bf 109 E-4 - top/ widok z góry

S3
S2
S1

S3
S2
S1

300 l drop tank/ zbiornik 300 l
skala 1:72

S.C. 250 bomb/ bomba S.C. 250
skala 1:72

S.C. 50 bomb/ bomba S.C. 50
skala 1:72

ETC 500/IXb
skala 1:72

drop tank rack/ pylon dodatkowego zbiornika
skala 1:72

ETC 50/VIIId
skala 1:72

VDM 9-11081 A - front/ widok z przodu

MG 17 kal. 7,92 mm
skala 1:72

MG-FF kal. 20 mm
skala 1:72

Scale/skala 1:72

0 0,5 1 2 3m

Messerschmitt
Bf 109 E

N.B.
All modifications depicted herein were introduced at production plants.
Many of them were subsequently retrofitted under field conditions
in earlier models during overhauls or when such need arose.

Uwaga
Wszystkie zmiany dotyczą fabrycznie wprowadzanych modyfikacji
samolotów montowanych w zakładach produkcyjnych.
W warunkach frontowych wiele tych zmian było dokonywanych także
na maszynach wcześniejszych wersji podczas remontów oraz
w ramach uzupełnień i modyfikacji.

Bf 109 E-1

Cowl- and wing-mounted 7.92 mm MG 17 machine guns installed/
zamontowane kadłubowe i skrzydłowe km-y MG 17 kal. 7,92 mm
Radio set, with antenna mast aft of the cockpit, installed/
zamontowana instalacja radiowa z masztem anteny za kabiną
New exhaust manifold/ nowe rury wydechowe
New supercharger air intake/ nowy wlot powietrza do sprężarki
Modified tailwheel/ zmodyfikowane kółko ogonowe
Daimler Benz DB 601 A engine/ silnik Daimler Benz DB 601 A

Bf 109 E-4

Armour plates protecting fuel tanks and pilot's head/
osłony pancerne zbiorników i głowy pilota
New 109.101 cockpit canopy standardized and factory-installed/
nowa osłona kabiny 109.101 standardowo montowana fabrycznie
MG FF/M cannons in wings/ działka MG FF/M w skrzydłach

Bf 109 E-0

Modified cowling panels/ zmodyfikowane osłony silnika
New propeller VDM 9-11081 A/ nowe śmigło VDM 9-11081 A
New spinner/ nowy kołpak śmigła
New supercharger air intake/ nowy wlot powietrza do sprężarki
New wing-mounted coolant radiators/ nowe podskrzydłowe chłodnice
Daimler Benz DB 600 engine/ silnik Daimler Benz DB 600
Oil tank and filler point relocated aft of the cockpit/
przeniesiony za kabinę zbiornik i wlew paliwa
Main landing gear modified and strengthened/
wzmocnione i zmodyfikowane podwozie

Bf 109 E-3

MG FF cannons in wings/ działka MG FF w skrzydłach

Bf 109 E-7

New spinner with pointed tip/ nowy pełny kołpak śmigła
factory provision for mounting under-fuselage bomb rack/
fabryczna możliwość podwieszania podkadłubowego wyrzutnika bomb
factory provision for mounting 300 litre drop tank/
fabrycznie montowany podkadłubowy zbiornik paliwa 300 l
factory provision for modifying to 'Trop' variant/
fabryczna możliwość modyfikacji do wersji trop

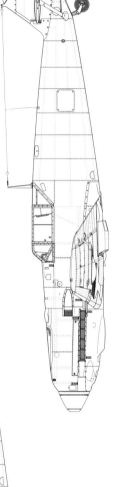

Scale/skala 1:72

0   0,5   1   2   3m

Messerschmitt Bf 109 E-B

Drawings/Rysował: Mariusz Łukasik

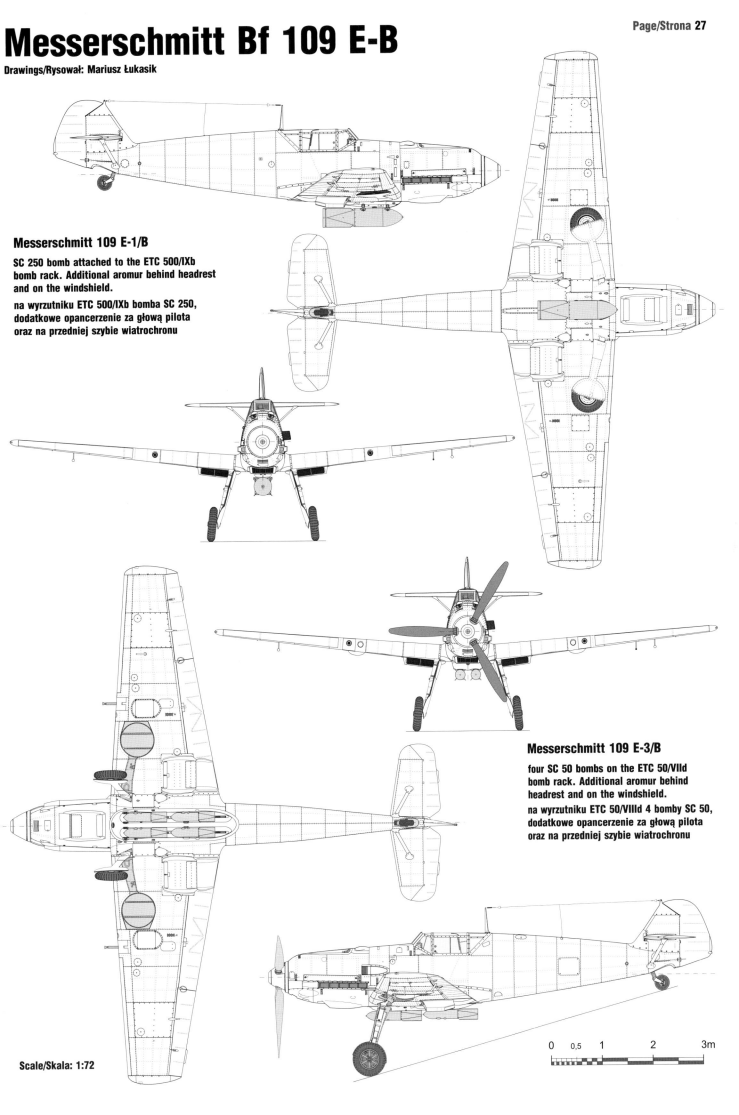

Messerschmitt 109 E-1/B

SC 250 bomb attached to the ETC 500/IXb bomb rack. Additional aromur behind headrest and on the windshield.

na wyrzutniku ETC 500/IXb bomba SC 250, dodatkowe opancerzenie za głową pilota oraz na przedniej szybie wiatrochronu

Messerschmitt 109 E-3/B

four SC 50 bombs on the ETC 50/VIId bomb rack. Additional aromur behind headrest and on the windshield.

na wyrzutniku ETC 50/VIIId 4 bomby SC 50, dodatkowe opancerzenie za głową pilota oraz na przedniej szybie wiatrochronu

Scale/Skala: 1:72

0   0,5   1   2   3m

Messerschmitt Bf 109 T

Drawings/Rysował: Mariusz Łukasik

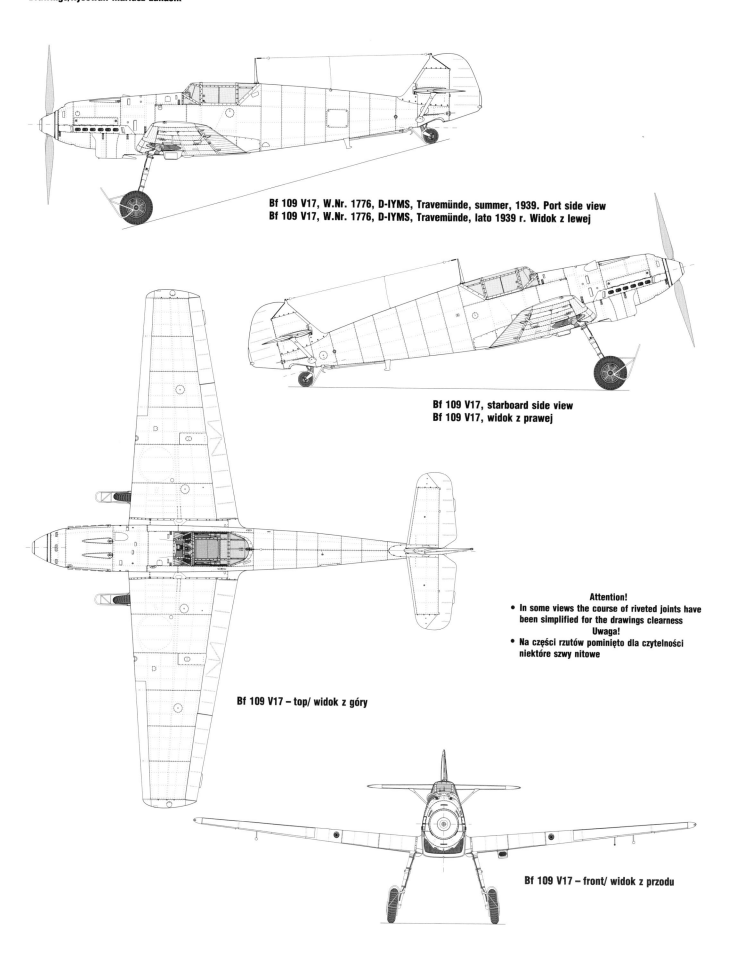

Bf 109 V17, W.Nr. 1776, D-IYMS, Travemünde, summer, 1939. Port side view
Bf 109 V17, W.Nr. 1776, D-IYMS, Travemünde, lato 1939 r. Widok z lewej

Bf 109 V17, starboard side view
Bf 109 V17, widok z prawej

Attention!
- In some views the course of riveted joints have been simplified for the drawings clearness
  Uwaga!
- Na części rzutów pominięto dla czytelności niektóre szwy nitowe

Bf 109 V17 – top/ widok z góry

Bf 109 V17 – front/ widok z przodu

Messerschmitt Bf 109 T

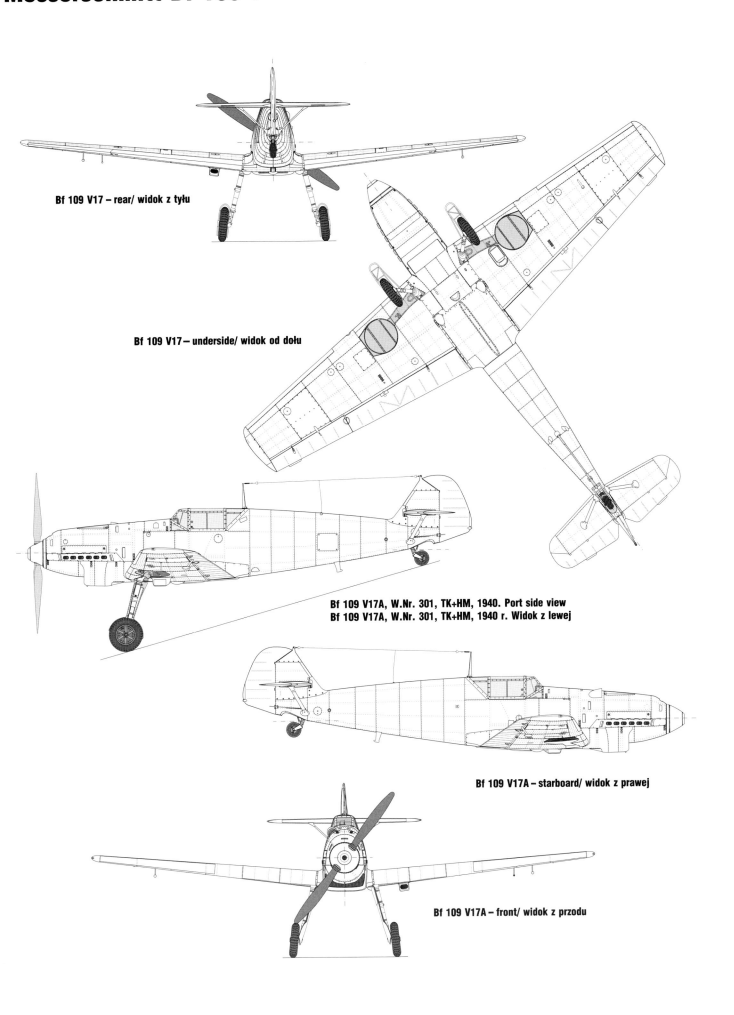

Bf 109 V17 – rear/ widok z tyłu

Bf 109 V17 – underside/ widok od dołu

Bf 109 V17A, W.Nr. 301, TK+HM, 1940. Port side view
Bf 109 V17A, W.Nr. 301, TK+HM, 1940 r. Widok z lewej

Bf 109 V17A – starboard/ widok z prawej

Bf 109 V17A – front/ widok z przodu

Messerschmitt Bf 109 T

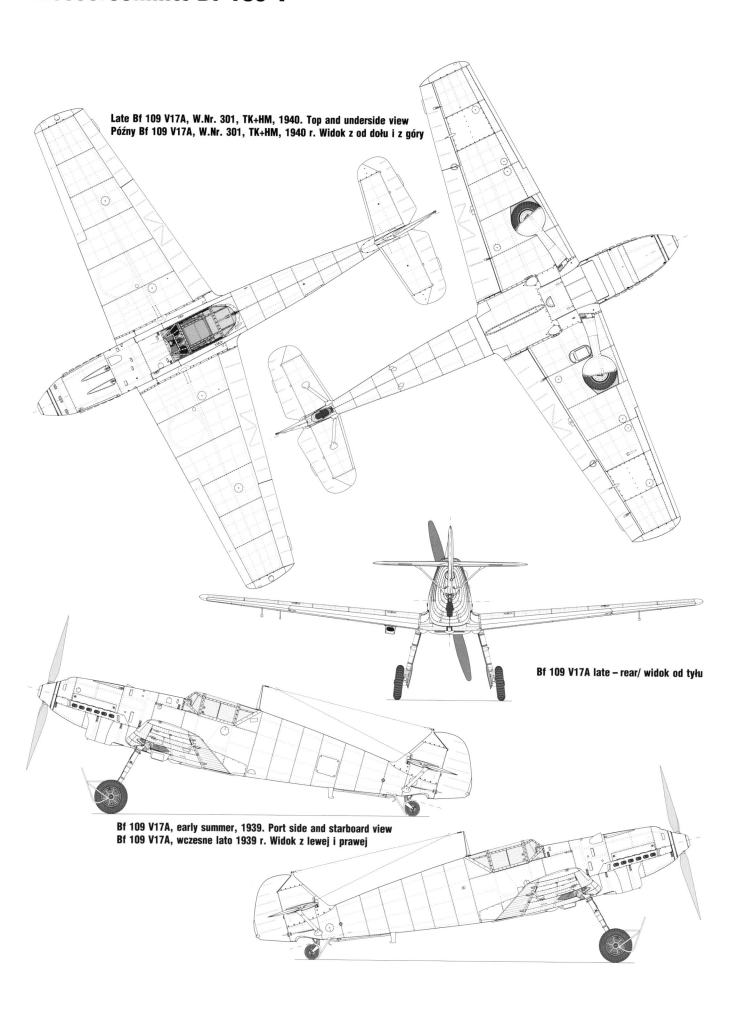

Late Bf 109 V17A, W.Nr. 301, TK+HM, 1940. Top and underside view
Późny Bf 109 V17A, W.Nr. 301, TK+HM, 1940 r. Widok z od dołu i z góry

Bf 109 V17A late – rear/ widok od tyłu

Bf 109 V17A, early summer, 1939. Port side and starboard view
Bf 109 V17A, wczesne lato 1939 r. Widok z lewej i prawej

Messerschmitt Bf 109 T

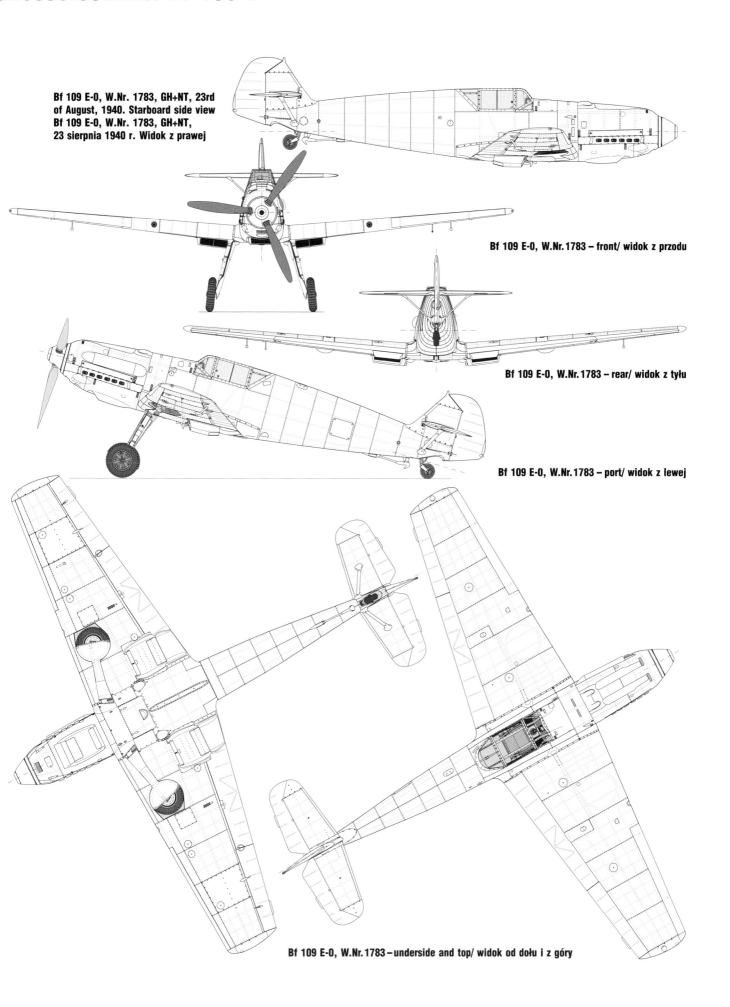

Bf 109 E-0, W.Nr. 1783, GH+NT, 23rd
of August, 1940. Starboard side view
Bf 109 E-0, W.Nr. 1783, GH+NT,
23 sierpnia 1940 r. Widok z prawej

Bf 109 E-0, W.Nr.1783 – front/ widok z przodu

Bf 109 E-0, W.Nr.1783 – rear/ widok z tyłu

Bf 109 E-0, W.Nr.1783 – port/ widok z lewej

Bf 109 E-0, W.Nr.1783 – underside and top/ widok od dołu i z góry

Scale/Skala: 1/72

Messerschmitt Bf 109 T

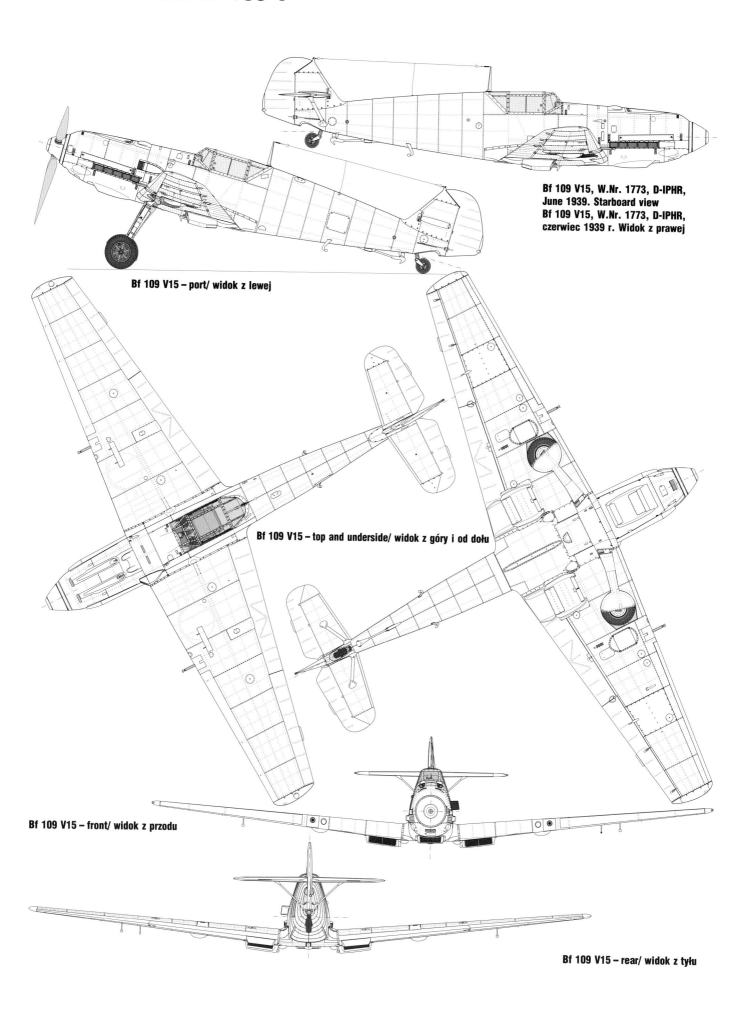

Bf 109 V15, W.Nr. 1773, D-IPHR, June 1939. Starboard view
Bf 109 V15, W.Nr. 1773, D-IPHR, czerwiec 1939 r. Widok z prawej

Bf 109 V15 – port/ widok z lewej

Bf 109 V15 – top and underside/ widok z góry i od dołu

Bf 109 V15 – front/ widok z przodu

Bf 109 V15 – rear/ widok z tyłu

Messerschmitt Bf 109 T

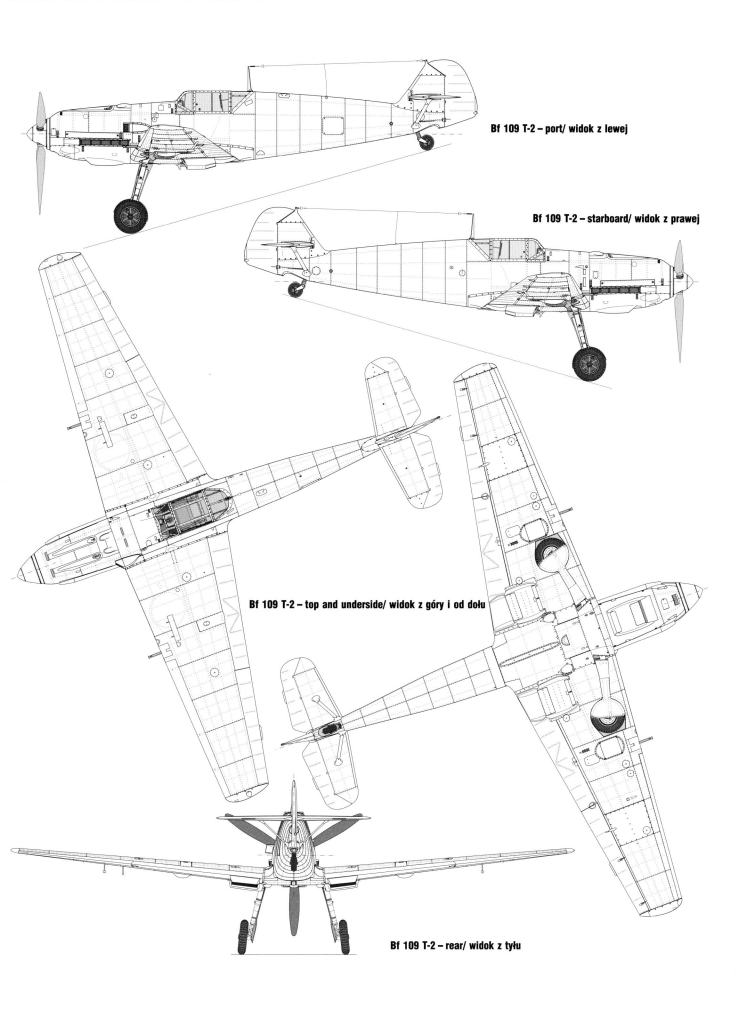

Bf 109 T-2 – port/ widok z lewej

Bf 109 T-2 – starboard/ widok z prawej

Bf 109 T-2 – top and underside/ widok z góry i od dołu

Bf 109 T-2 – rear/ widok z tyłu

Messerschmitt Bf 109 T

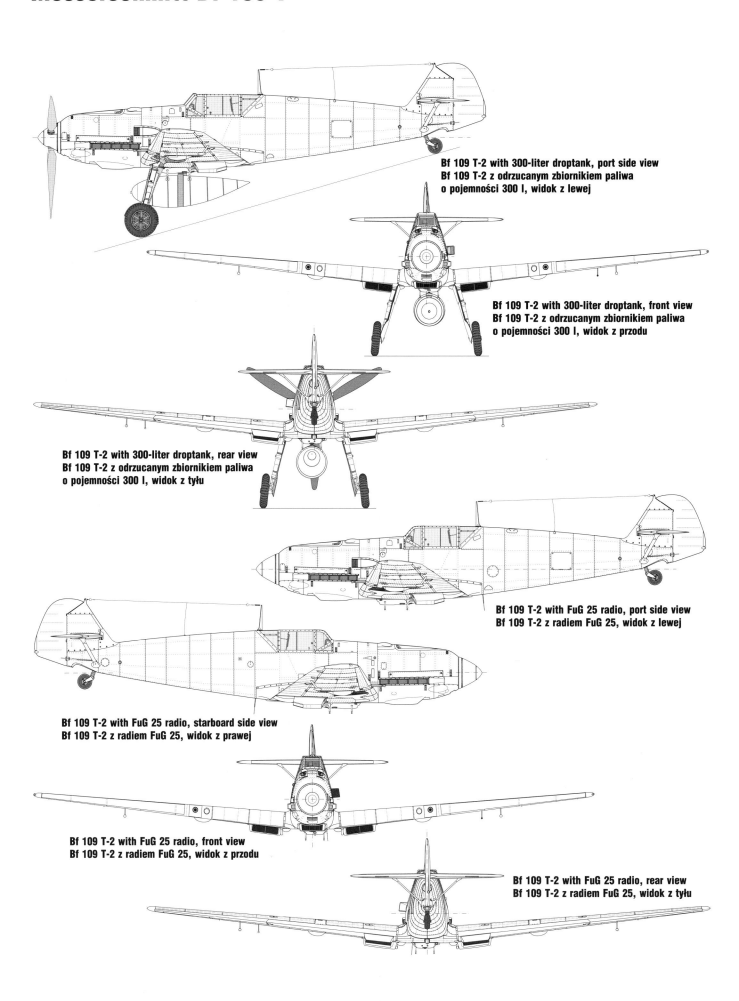

Bf 109 T-2 with 300-liter droptank, port side view
Bf 109 T-2 z odrzucanym zbiornikiem paliwa
o pojemności 300 l, widok z lewej

Bf 109 T-2 with 300-liter droptank, front view
Bf 109 T-2 z odrzucanym zbiornikiem paliwa
o pojemności 300 l, widok z przodu

Bf 109 T-2 with 300-liter droptank, rear view
Bf 109 T-2 z odrzucanym zbiornikiem paliwa
o pojemności 300 l, widok z tyłu

Bf 109 T-2 with FuG 25 radio, port side view
Bf 109 T-2 z radiem FuG 25, widok z lewej

Bf 109 T-2 with FuG 25 radio, starboard side view
Bf 109 T-2 z radiem FuG 25, widok z prawej

Bf 109 T-2 with FuG 25 radio, front view
Bf 109 T-2 z radiem FuG 25, widok z przodu

Bf 109 T-2 with FuG 25 radio, rear view
Bf 109 T-2 z radiem FuG 25, widok z tyłu

Scale/Skala: 1/72

Messerschmitt Bf 109 T

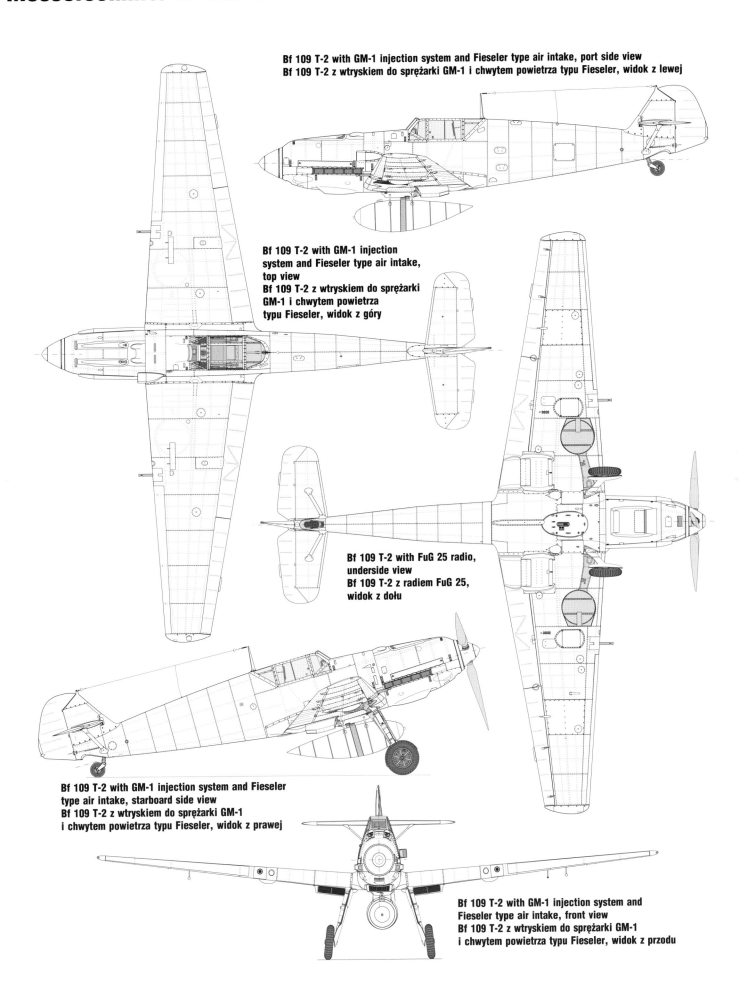

Bf 109 T-2 with GM-1 injection system and Fieseler type air intake, port side view
Bf 109 T-2 z wtryskiem do sprężarki GM-1 i chwytem powietrza typu Fieseler, widok z lewej

Bf 109 T-2 with GM-1 injection system and Fieseler type air intake, top view
Bf 109 T-2 z wtryskiem do sprężarki GM-1 i chwytem powietrza typu Fieseler, widok z góry

Bf 109 T-2 with FuG 25 radio, underside view
Bf 109 T-2 z radiem FuG 25, widok z dołu

Bf 109 T-2 with GM-1 injection system and Fieseler type air intake, starboard side view
Bf 109 T-2 z wtryskiem do sprężarki GM-1 i chwytem powietrza typu Fieseler, widok z prawej

Bf 109 T-2 with GM-1 injection system and Fieseler type air intake, front view
Bf 109 T-2 z wtryskiem do sprężarki GM-1 i chwytem powietrza typu Fieseler, widok z przodu

Scale/Skala: 1/72

Messerschmitt Bf 109 T

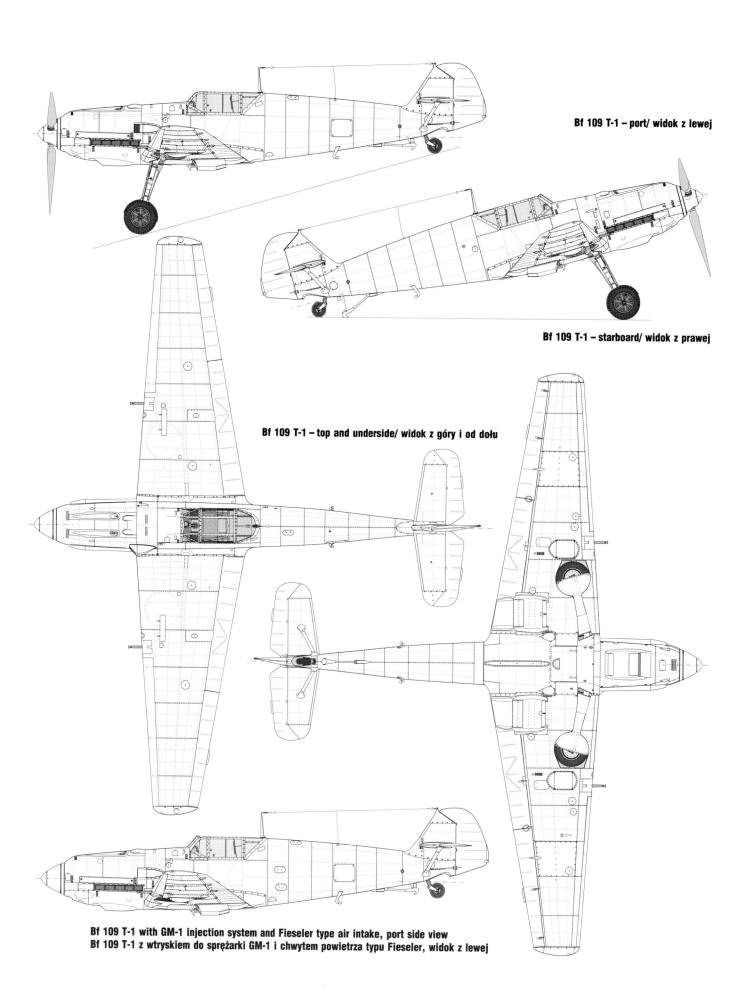

Bf 109 T-1 – port/ widok z lewej

Bf 109 T-1 – starboard/ widok z prawej

Bf 109 T-1 – top and underside/ widok z góry i od dołu

Bf 109 T-1 with GM-1 injection system and Fieseler type air intake, port side view
Bf 109 T-1 z wtryskiem do sprężarki GM-1 i chwytem powietrza typu Fieseler, widok z lewej

Messerschmitt Bf 109 T

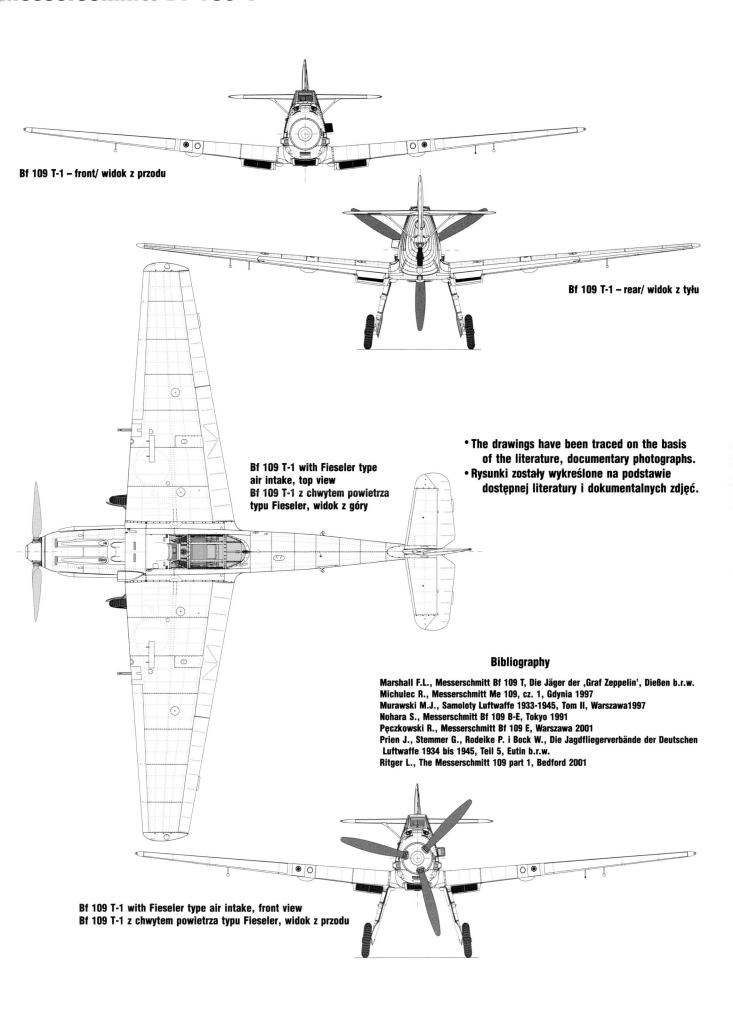

Bf 109 T-1 – front/ widok z przodu

Bf 109 T-1 – rear/ widok z tyłu

Bf 109 T-1 with Fieseler type
air intake, top view
Bf 109 T-1 z chwytem powietrza
typu Fieseler, widok z góry

- The drawings have been traced on the basis
  of the literature, documentary photographs.
- Rysunki zostały wykreślone na podstawie
  dostępnej literatury i dokumentalnych zdjęć.

Bibliography

Marshall F.L., Messerschmitt Bf 109 T, Die Jäger der ‚Graf Zeppelin', Dießen b.r.w.
Michulec R., Messerschmitt Me 109, cz. 1, Gdynia 1997
Murawski M.J., Samoloty Luftwaffe 1933-1945, Tom II, Warszawa1997
Nohara S., Messerschmitt Bf 109 B-E, Tokyo 1991
Pęczkowski R., Messerschmitt Bf 109 E, Warszawa 2001
Prien J., Stemmer G., Rodeike P. i Bock W., Die Jagdfliegerverbände der Deutschen
 Luftwaffe 1934 bis 1945, Teil 5, Eutin b.r.w.
Ritger L., The Messerschmitt 109 part 1, Bedford 2001

Bf 109 T-1 with Fieseler type air intake, front view
Bf 109 T-1 z chwytem powietrza typu Fieseler, widok z przodu

Messerschmitt Bf 109 F

Drawings/Rysował: Mariusz Łukasik

The drawings have been prepared using previously published literature, documentary evidence and contemporary photographs.
Rysunki zostały opracowane na podstawie podanej literatury oraz zdjęć dokumentalnych.

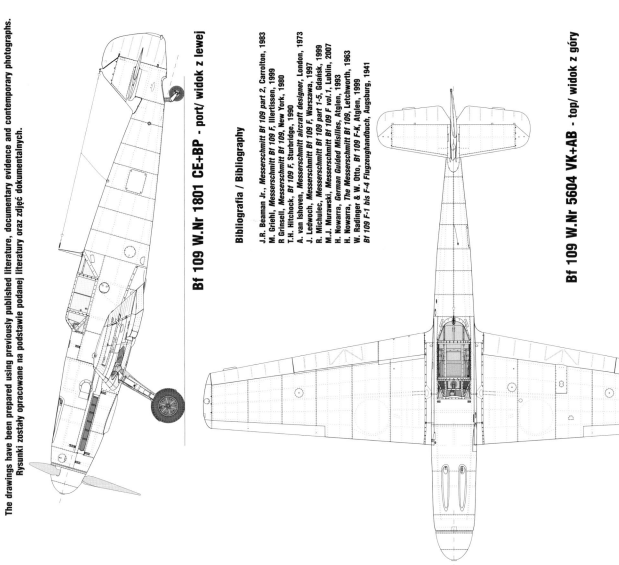

Bf 109 W.Nr 1801 CE+BP - port/ widok z lewej

Bibliografia / Bibliography

J.R. Beaman Jr., *Messerschmitt Bf 109 part 2*, Carrolton, 1983
M. Griehl, *Messerschmitt Bf 109 F*, Illertissen, 1999
R Grinsell, *Messerschmitt Bf 109*, New York, 1980
T.H. Hitchock, *Bf 109 F*, Sturbridge, 1990
A. van Ishoven, *Messerschmitt aircraft designer*, London, 1973
J. Ledwoch, *Messerschmitt Bf 109 F*, Warszawa, 1997
R. Michulec, *Messerschmitt Bf 109 part 1-5*, Gdańsk, 1999
M.J. Murawski, *Messerschmitt Bf 109 F vol.1*, Lublin, 2007
H. Nowarra, *German Guided Misilles*, Atglen, 1993
H. Nowarra, *The Messerschmitt Bf 109*, Letchworth, 1963
W. Radinger & W. Otto, *Bf 109 F-K*, Atglen, 1999
Bf 109 F-1 bis F-4 Flugzeughandbuch, Augsburg, 1941

Bf 109 W.Nr 5604 VK+AB - top/ widok z góry

Bf 109 W.Nr 5604 VK+AB - port/ widok z lewej

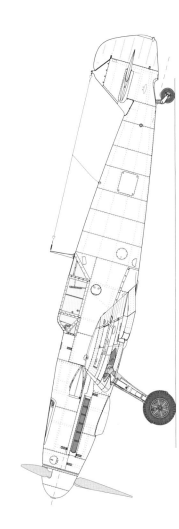

Bf 109 W.Nr 5604 VK+AB - starboard/ widok z prawej

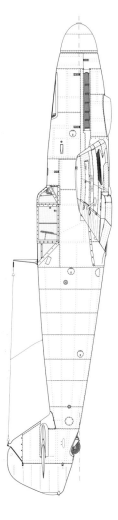

Bf 109 F-1 early/wczesny - port/ widok z lewej

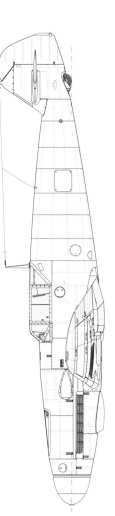

Attention! In some views the course of riveted joints have been simplified for the drawings clearness
Uwaga! Na części rzutów uproszczono dla czytelności rysunku przebieg szwów nitowych

Scale/skala 1:72

0   0,5   1   2   3m

Messerschmitt Bf 109 F

Bf 109 F-1 - starboard/ widok z prawej

Bf 109 F-1 - underside/ widok z dołu

Scale/skala 1:72

Bf 109 F-1 - rear/ widok z tyłu

Bf 109 F-1 - port/ widok z lewej

Bf 109 F-1 - top/ widok z góry

Bf 109 F-1 - front/ widok z przodu

Messerschmitt Bf 109 F

A|B| C| D| E| F| G| H| I| J| K| L| M| N|O| P|

Bf 109 F-2 - port/ widok z lewej

F-F G-G H-H I-I

O-O P-P
N-N
M-M
L-L
K-K
J-J

A-A B-B C-C D-D E-E

Bf 109 F-2 - starboard/ widok z prawej

Bf 109 F-2 - front/ widok z przodu

Bf 109 F-2 - top/ widok z góry

Bf 109 F-2 - underside/ widok z dołu

Bf 109 F-2 - rear/ widok z tyłu

S1
S2
S3

S3 —
S2 —
S1 —

Scale/skala 1:72

0   0,5   1   2   3m

Messerschmitt Bf 109 F

Bf 109 F-2/B - starboard/ widok z prawej
ETC 50/VIIId bomb rack and 4 SC bomb/
wyrzutnik ETC 50/VIIId i 4 bomby SC 50

Bf 109 F-2/B - port/ widok z lewej
ETC 50/VIIId bomb rack and 4 SC bomb/
wyrzutnik ETC 50/VIIId i 4 bomby SC 50

Bf 109 F-2/U1 - port/ widok z lewej

Bf 109 F-2/U1 - starboard/ widok z prawej

Bf 109 F-2/U1 - front/ widok z przodu

Bf 109 F-2/B - underside/ widok z dołu
ETC 50/VIIId bomb rack/ wyrzutnik ETC 50/VIIId

Bf 109 F-2/B - front/ widok z przodu
ETC 50/VIIId bomb rack and 4 SC bomb/
wyrzutnik ETC 50/VIIId i 4 bomby SC 50

3m

2

1

0,5

0

Scale/skala 1:72

Messerschmitt Bf 109 F

Bf 109 F-2 W.Nr 9246 - port/ widok z lewej
with underwing RZ 65 rocket launcher/
z podskrzydłowymi wyrzutniami rakiet RZ 65

Bf 109 F-2 W.Nr 9246 - starboard/ widok z prawej
with underwing RZ 65 rocket launcher/
z podskrzydłowymi wyrzutniami rakiet RZ 65

Bf 109 F-2 W.Nr 9246 - front/ widok z przodu
with underwing RZ 65 rocket launcher/
z podskrzydłowymi wyrzutniami rakiet RZ 65

Bf 109 F-2 W.Nr 9246 - underside/ widok z dołu
with underwing RZ 65 rocket launcher/
z podskrzydłowymi wyrzutniami rakiet RZ 65

Bf 109 F-3 - port/ widok z lewej

Scale/skala 1:72

Messerschmitt Bf 109 F

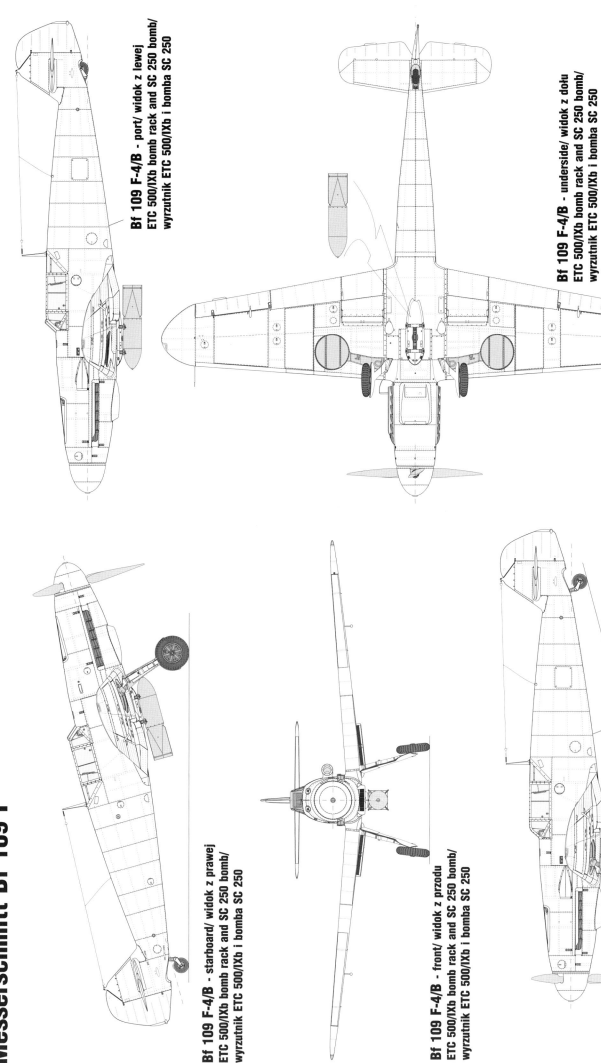

Bf 109 F-4/B - port/ widok z lewej
ETC 500/IXb bomb rack and SC 250 bomb/
wyrzutnik ETC 500/IXb i bomba SC 250

Bf 109 F-4/B - underside/ widok z dołu
ETC 500/IXb bomb rack and SC 250 bomb/
wyrzutnik ETC 500/IXb i bomba SC 250

Scale/skala 1:72

Bf 109 F-4/B - starboard/ widok z prawej
ETC 500/IXb bomb rack and SC 250 bomb/
wyrzutnik ETC 500/IXb i bomba SC 250

Bf 109 F-4/B - front/ widok z przodu
ETC 500/IXb bomb rack and SC 250 bomb/
wyrzutnik ETC 500/IXb i bomba SC 250

Bf 109 F-4 - port/ widok z lewej

Messerschmitt Bf 109 F

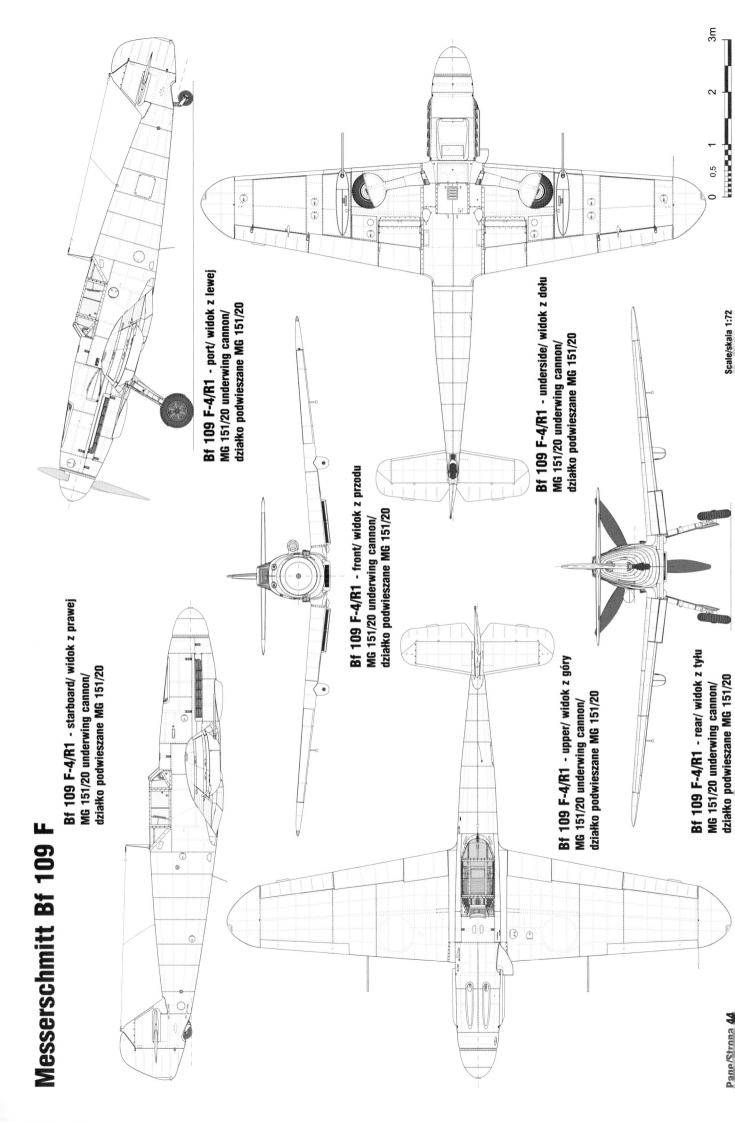

Bf 109 F-4/R1 - starboard/ widok z prawej
MG 151/20 underwing cannon/
dziełko podwieszane MG 151/20

Bf 109 F-4/R1 - port/ widok z lewej
MG 151/20 underwing cannon/
dziełko podwieszane MG 151/20

Bf 109 F-4/R1 - front/ widok z przodu
MG 151/20 underwing cannon/
dziełko podwieszane MG 151/20

Bf 109 F-4/R1 - underside/ widok z dołu
MG 151/20 underwing cannon/
dziełko podwieszane MG 151/20

Bf 109 F-4/R1 - upper/ widok z góry
MG 151/20 underwing cannon/
dziełko podwieszane MG 151/20

Bf 109 F-4/R1 - rear/ widok z tyłu
MG 151/20 underwing cannon/
dziełko podwieszane MG 151/20

Scale/skala 1:72

0   0,5   1   2   3m

Messerschmitt Bf 109 F

Bf 109 F-4 trop - starboard/ widok z prawej
300 l drop tank/ dodatkowy zbiornik paliwa 300 l

Bf 109 F-4 trop - port/ widok z lewej
300 l drop tank/ dodatkowy zbiornik paliwa 300 l

Bf 109 F-4 trop - front/ widok z przodu
300 l drop tank/ dodatkowy zbiornik paliwa 300 l

Bf 109 F-4 trop - upper/ widok z góry
300 l drop tank/ dodatkowy zbiornik paliwa 300 l

Bf 109 F-4 trop - underside/ widok z dołu

Bf 109 F-4 trop early/ wczesny - port/ widok z lewej

Scale/skala 1:72

3m

2

1

0,5

0

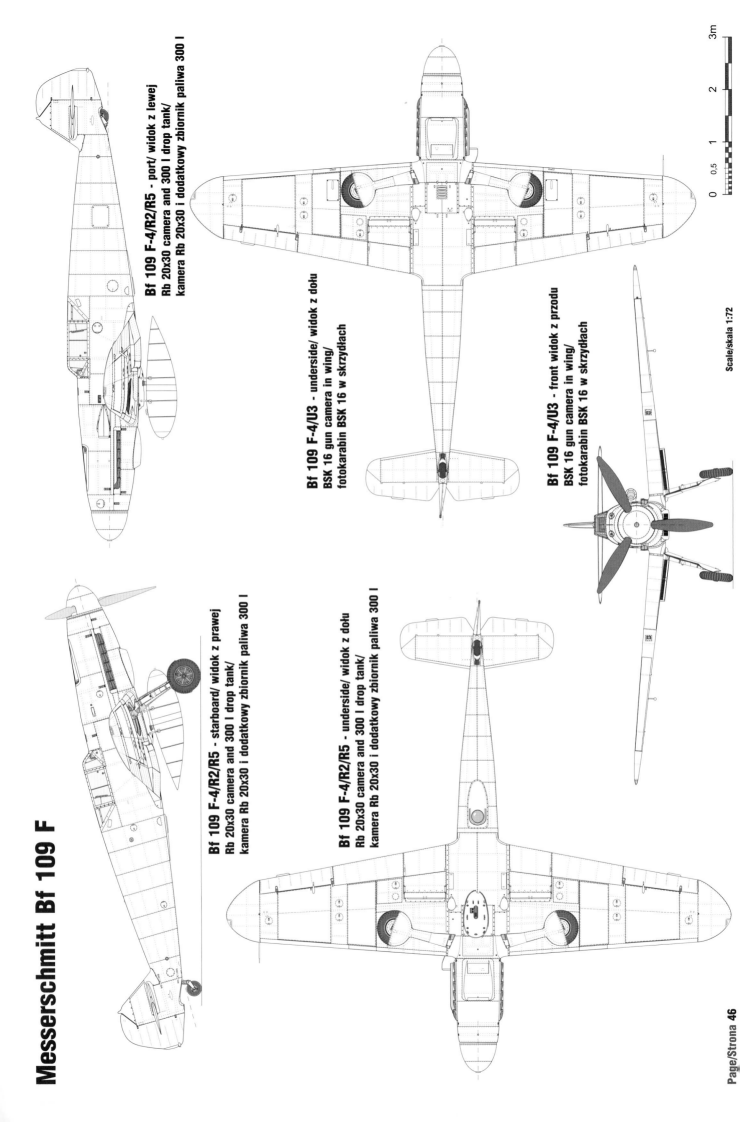

Messerschmitt Bf 109 F

Bf 109 F-4/R2/R5 - port/ widok z lewej
Rb 20x30 camera and 300 l drop tank/
kamera Rb 20x30 i dodatkowy zbiornik paliwa 300 l

Bf 109 F-4/R2/R5 - starboard/ widok z prawej
Rb 20x30 camera and 300 l drop tank/
kamera Rb 20x30 i dodatkowy zbiornik paliwa 300 l

Bf 109 F-4/U3 - underside/ widok z dołu
BSK 16 gun camera in wing/
fotokarabin BSK 16 w skrzydłach

Bf 109 F-4/R2/R5 - underside/ widok z dołu
Rb 20x30 camera and 300 l drop tank/
kamera Rb 20x30 i dodatkowy zbiornik paliwa 300 l

Bf 109 F-4/U3 - front widok z przodu
BSK 16 gun camera in wing/
fotokarabin BSK 16 w skrzydłach

Scale/skala 1:72

Messerschmitt Bf 109 F

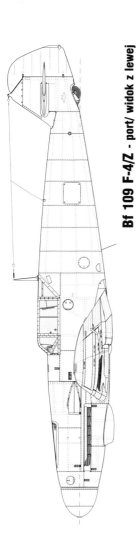

Bf 109 F-4/Z/R3/R5 - port/ widok z lewej
Rb 50x30 camera and FuG VIIa radio antenna/
kamera Rb 50x30 i radiostacja FuG VIIa

Bf 109 F-4/Z - port/ widok z lewej

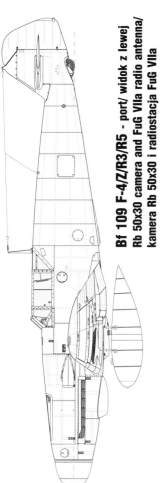

Bf 109 F-4/Z trop - port/ widok z lewej

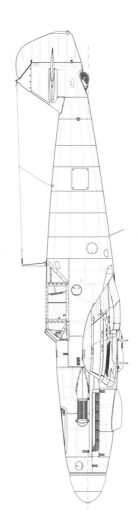

Bf 109 F-5 - port/ widok z lewej

0   0,5   1   2   3m

Scale/skala 1:72

Messerschmitt Bf 109 F

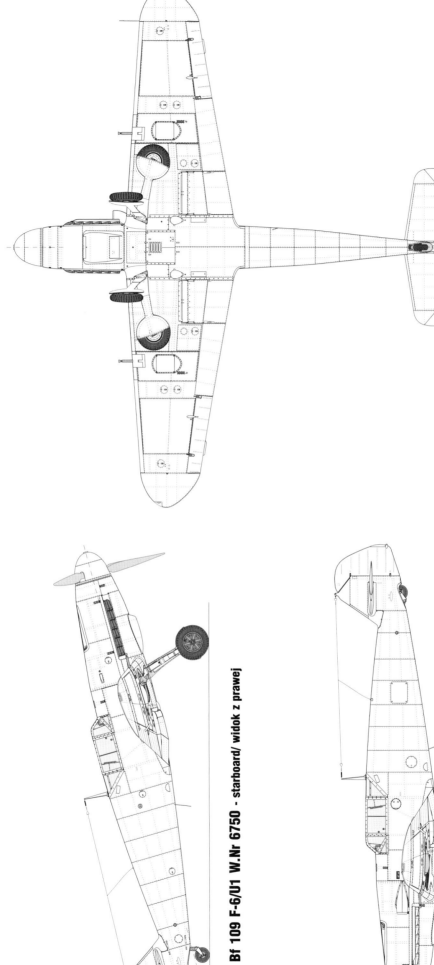

Bf 109 F-6/U1 W.Nr 6750 - underside/ widok z dołu

Bf 109 F-6/U1 W.Nr 6750 - starboard/ widok z prawej

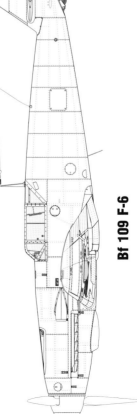

Bf 109 F-6

Daimler Benz DB 601N engine/ silnik Daimler Benz DB 601N
MG 151/20 cannon in fuselage/ działko MG 151/20 w kadłubie
Additional armament mounted in the wings/
dodatkowe uzbrojenie w skrzydłach

Scale/skala 1:72

0   0,5   1   2   3m

Messerschmitt Bf 109 F

Bf 109 F-1

Modified cowling panels/ zmodyfikowane osłony silnika
New propeller VDM 9-11207A/ nowe śmigło VDM 9-11207A
New spinner/ nowy kołpak śmigła
Modified tail asembly/ zmodyfikowane usterzenie pionowe
Retractable tailwheel/ chowane kółko ogonowe
New supercharger air intake/ nowy wlot powietrza do sprężarki
External stiffeners plates/ płaskowniki wzmacniające ogon
Wing with elliptical wingtips/ skrzydła o eliptycznych końcówkach
Modified slats and flaps/ zmodyfikowane sloty i klapy
New wing-mounted coolant radiators/ nowe podskrzydłowe chłodnice
Daimler Benz DB 601N engine/ silnik Daimler Benz DB 601N
MG FF/M cannon in fuselage/ działko MG FF/M w kadłubie

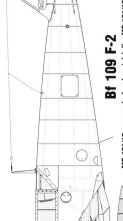

Bf 109 F-2

MG 151/15 cannon in fuselage/ działko MG 151/15 w kadłubie
Instalation FuG 25 and FuG 25a/ instalacja FuG 25 i FuG 25a
300 l under-belly drop tanks/ podkadłubowy zbiornik paliwa 300 l
Centreline-mounted bomb rack in fighter- bomber variant/
podkadłubowy wyrzutnik w wersji myśliwsko-bombowej

Bf 109 F-3

Daimler Benz DB 601E engine/ silnik Daimler Benz DB 601E
VDM 9-12010A propeller/ śmigło VDM 9-12010A
MG FF/M cannon in fuselage/ działko MG FF/M w kadłubie

Bf 109 F-4

Modified supercharger air intake/
zmodyfikowany wlot powietrza do sprężarki
External stiffeners plates eliminated/
usunięte płaskowniki wzmacniające ogon
Daimler Benz DB 601E engine/ silnik Daimler Benz DB 601E
MG 151/20 cannon in fuselage/ działko MG 151/20 w kadłubie
Armoured glass plate added to the windscreen/
dodatkowa płyta szkła pancernego na wiatrochronie

Bf 109 F-5

Daimler Benz DB 601N engine/ silnik Daimler Benz DB 601N
VDM 9-11207A propeller/ śmigło VDM 9-11207A
MG 151/20 cannon in fuselage/ działko MG 151/20 w kadłubie
Instalation GM 1 boost/ instalacja GM 1
Deeper Fo 827 oil cooler/ powiększona chłodnica oleju Fo 827

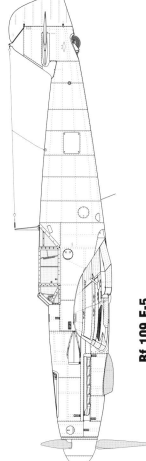

0   0,5   1   2   3m

Scale/skala 1:72

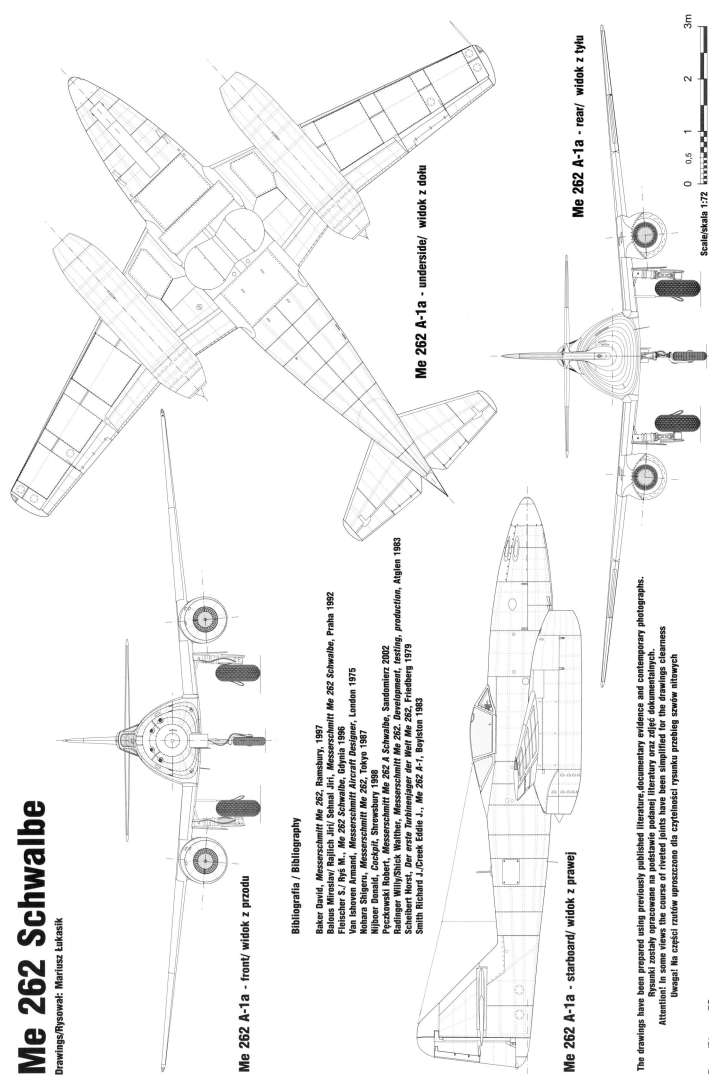

Me 262 Schwalbe

Drawings/Rysował: Mariusz Łukasik

Me 262 A-1a - front/ widok z przodu

Me 262 A-1a - underside/ widok z dołu

Me 262 A-1a - rear/ widok z tyłu

Me 262 A-1a - starboard/ widok z prawej

Bibliografia / Bibliography

Baker David, *Messerschmitt Me 262*, Ramsbury, 1997
Balous Miroslav/ Rajlich Jiri/ Sehnal Jiri, *Messerschmitt Me 262 Schwalbe*, Praha 1992
Fleischer S./ Ryś M., *Me 262 Schwalbe*, Gdynia 1996
Van Ishoven Armand, *Messerschmitt Aircraft Designer*, London 1975
Nohara Shigeru, *Messerschmitt Me 262*, Tokyo 1987
Nijboer Donald, *Cockpit*, Shrewsbury 1998
Pęczkowski Robert, *Messerschmitt Me 262 A Schwalbe*, Sandomierz 2002
Radinger Willy/Shick Walther, *Messerschmitt Me 262. Development, testing, production*, Atglen 1983
Scheibert Horst, *Der erste Turbinenjager der Welt Me 262*, Friedberg 1979
Smith Richard J./Creek Eddie J., *Me 262 A-1*, Boylston 1983

The drawings have been prepared using previously published literature,documentary evidence and contemporary photographs.
Rysunki zostały opracowane na podstawie podanej literatury oraz zdjęć dokumentalnych.
Attention! In some views the course of riveted joints have been simplified for the drawings clearness
Uwaga! Na części rzutów uproszczono dla czytelności rysunku przebieg szwów nitowych

Scale/skala 1:72

Me 262 Schwalbe

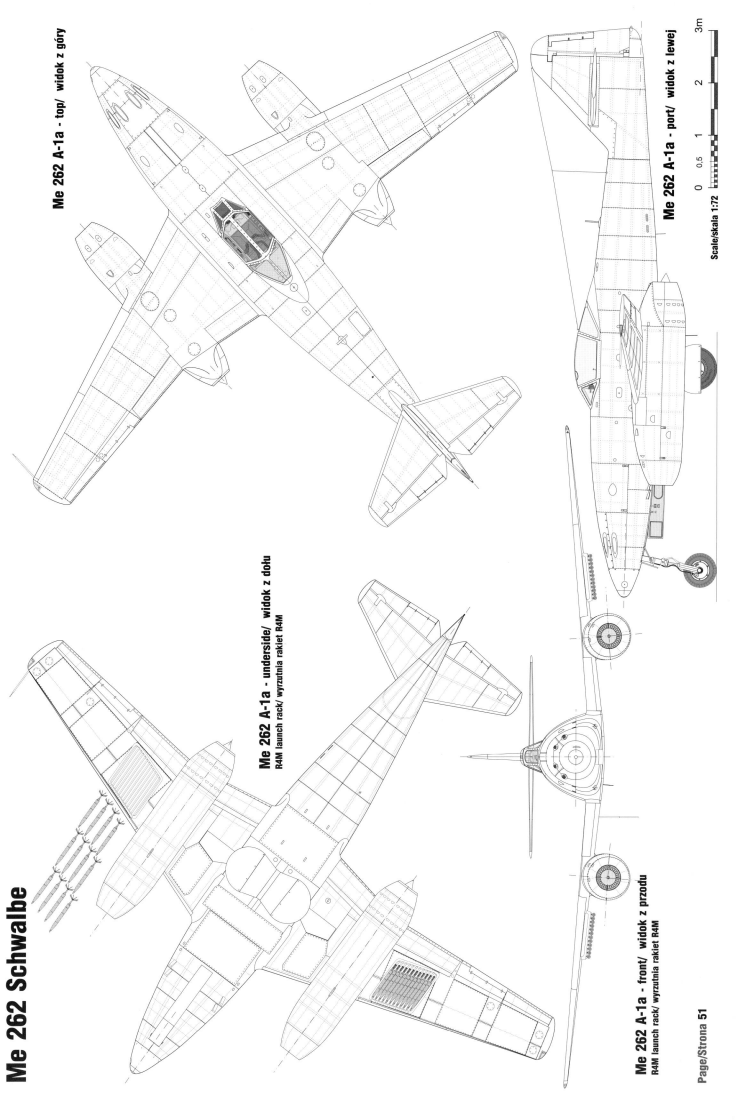

Me 262 A-1a - top/ widok z góry

Me 262 A-1a - port/ widok z lewej

Scale/skala 1:72

Me 262 A-1a - underside/ widok z dołu
R4M launch rack/ wyrzutnia rakiet R4M

Me 262 A-1a - front/ widok z przodu
R4M launch rack/ wyrzutnia rakiet R4M

Me 262 Schwalbe

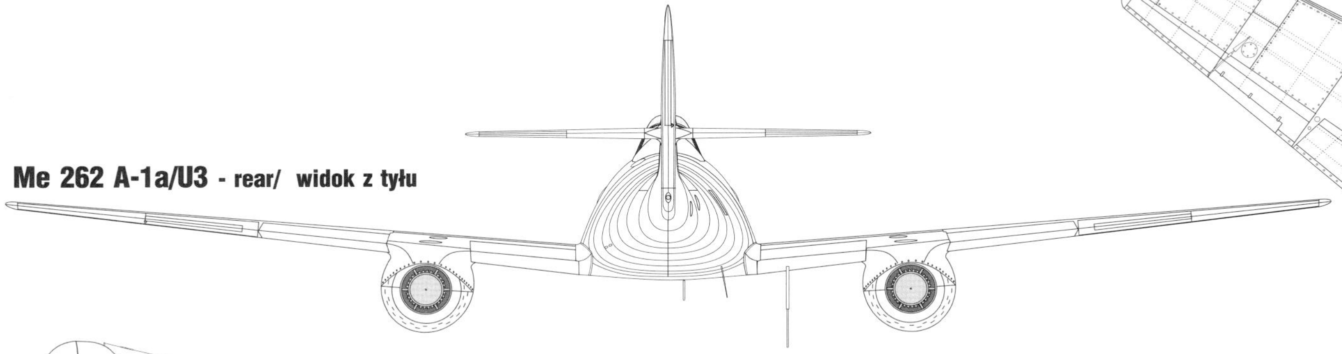

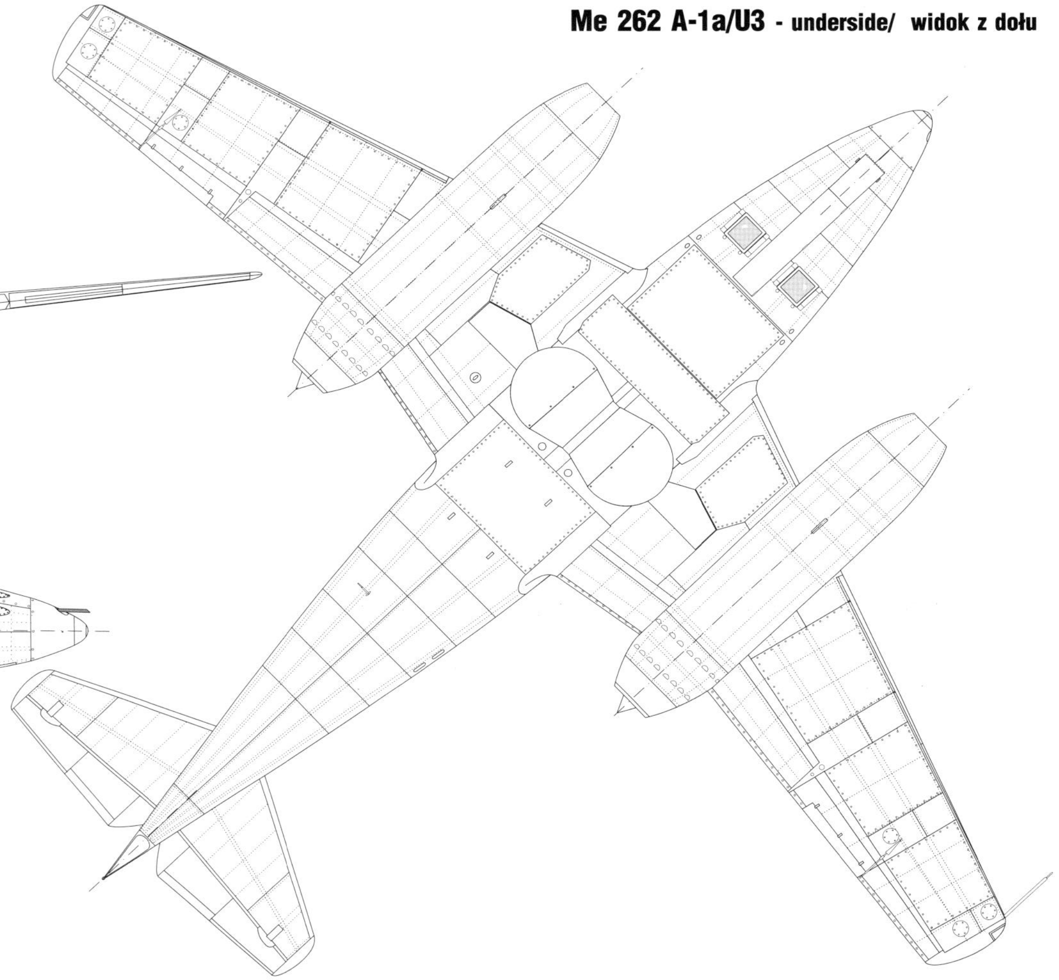

Me 262 A-1a/U3 - underside/ widok z dołu

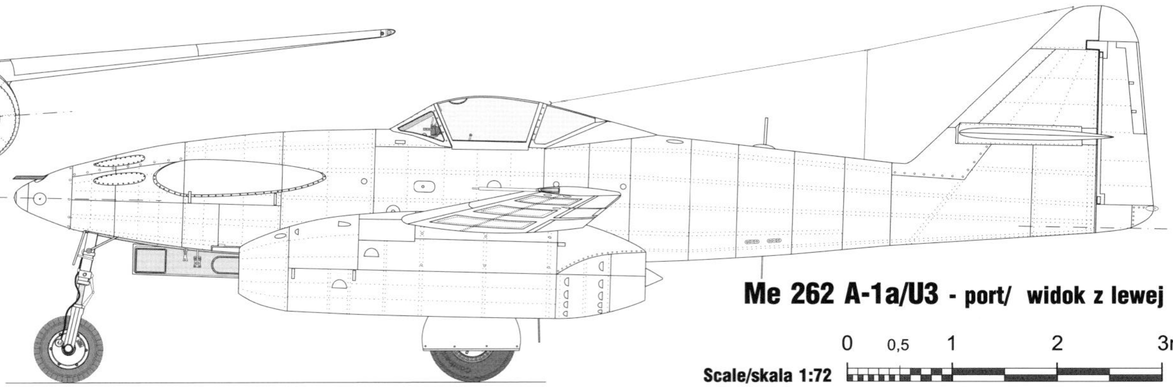

Me 262 A-1a/U3 - rear/ widok z tyłu

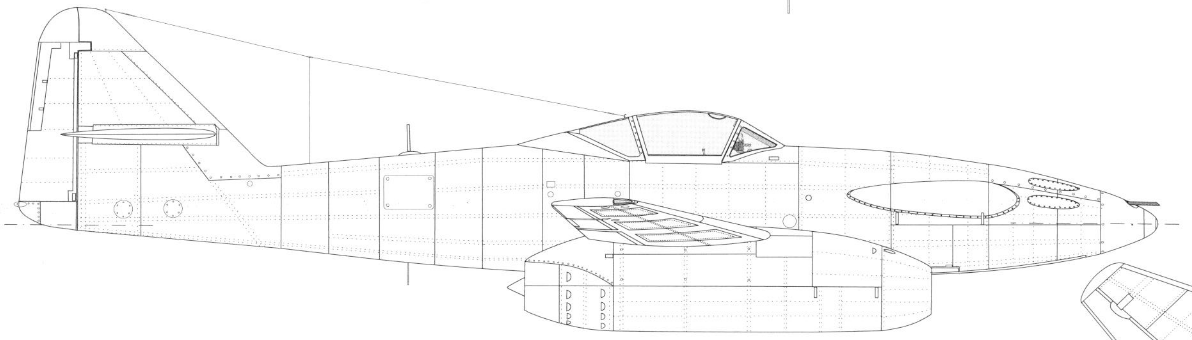

Me 262 A-1a/U3 - starboard/ widok z prawej

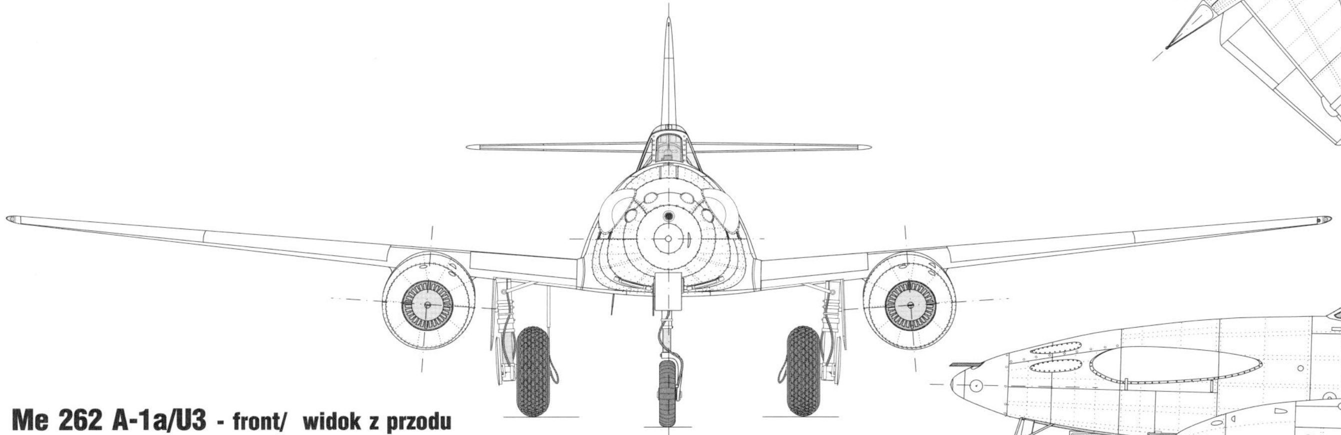

Me 262 A-1a/U3 - front/ widok z przodu

Me 262 A-1a/U3 - port/ widok z lewej

Scale/skala 1:72

0   0,5   1   2   3m

Me 262 Schwalbe

Me 262 A-1a/U3 - top/ widok z góry

Me 262 A-1a/U4 - top/ widok z góry

Me 262 A-1a/U4 - port/ widok z lewej

Scale/skala 1:72

0 0,5 1 2 3m

Me 262 Schwalbe

Me 262 A-1a/U4 - front/ widok z przodu

Me 262 A-1a/U4 - underside/ widok z dołu

Scale/skala 1:72

Me 262 A-2a/U2 - starboard/ widok z prawej

Me 262 A-1a/U4 - starboard/ widok z prawej

Me 262 Schwalbe

Me 262 B-1a - top/ widok z góry

Me 262 B-1a - port/ widok z lewej

Me 262 B-1a - front/ widok z przodu

Me 262 B -1a - starboard/ widok z prawej

Me 262 A-2a/U2 - port/ widok z lewej

Scale/skala 1:72

Me 262 Schwalbe

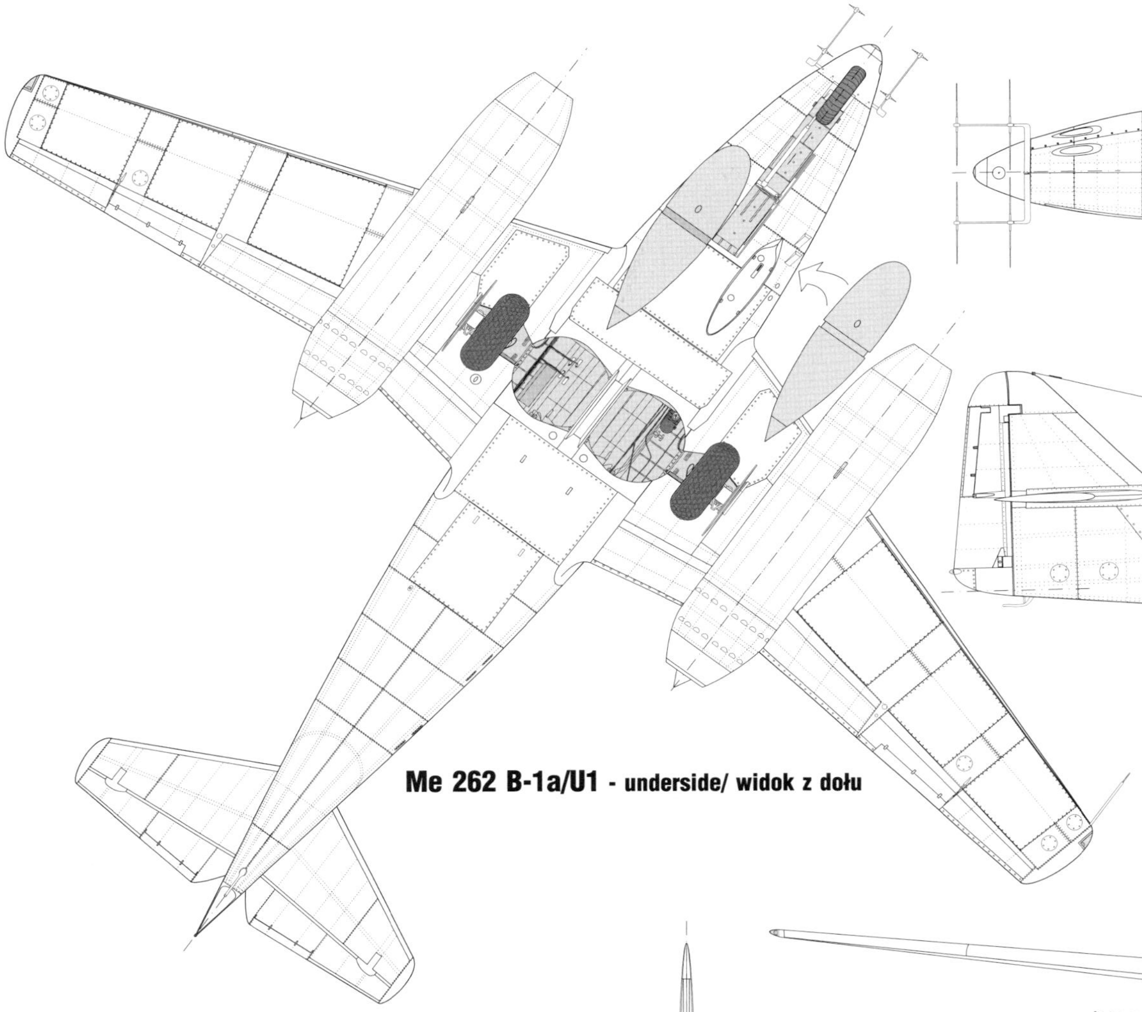

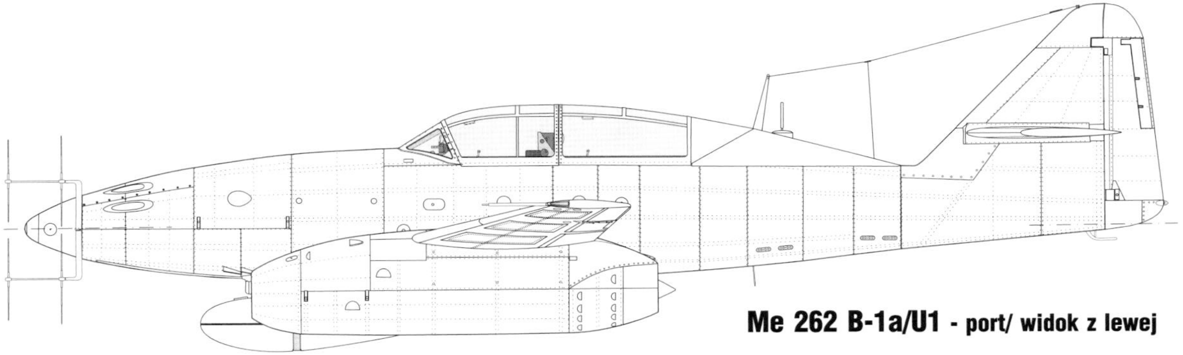

Me 262 B-1a/U1 - port/ widok z lewej

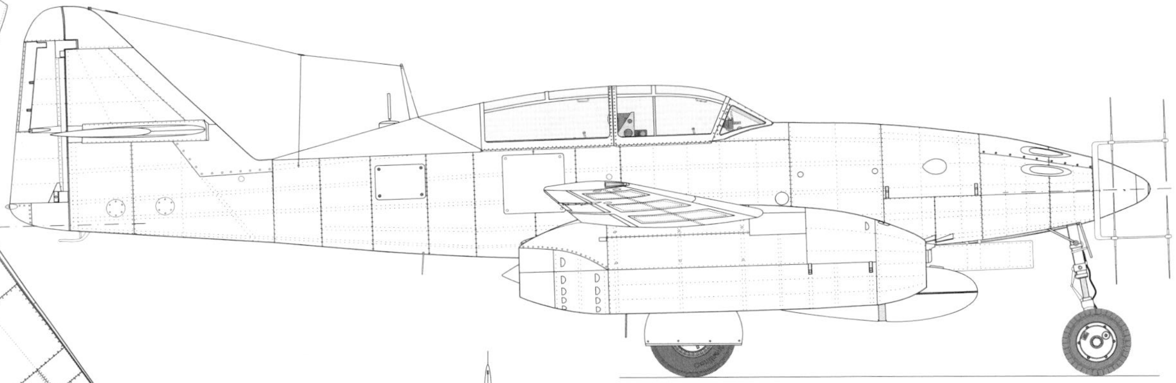

Me 262 B-1a/U1 - starboard/ widok z prawej

Me 262 B-1a/U1 - front widok z przodu

Me 262 B-1a/U1 - underside/ widok z dołu

Me 262 B-1a/U1 - rear/ widok z tyłu

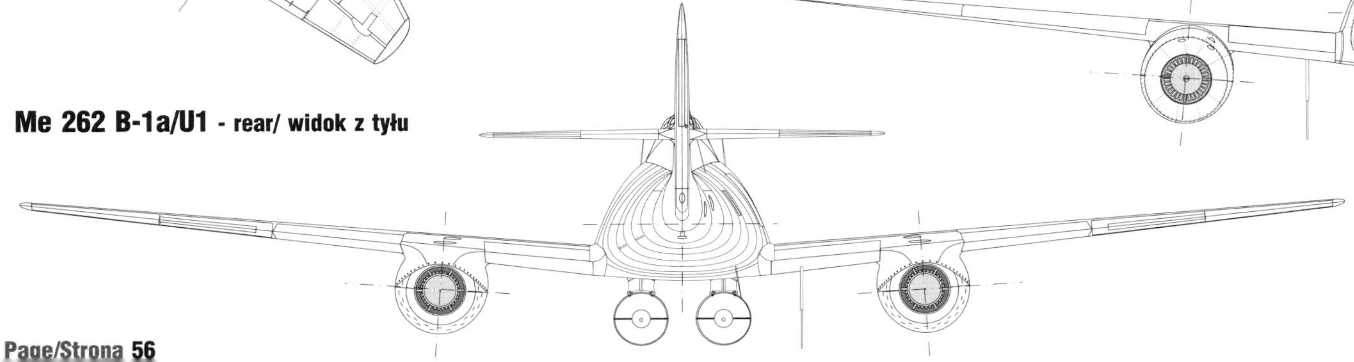

Scale/skala 1:72

0   0,5   1   2   3m

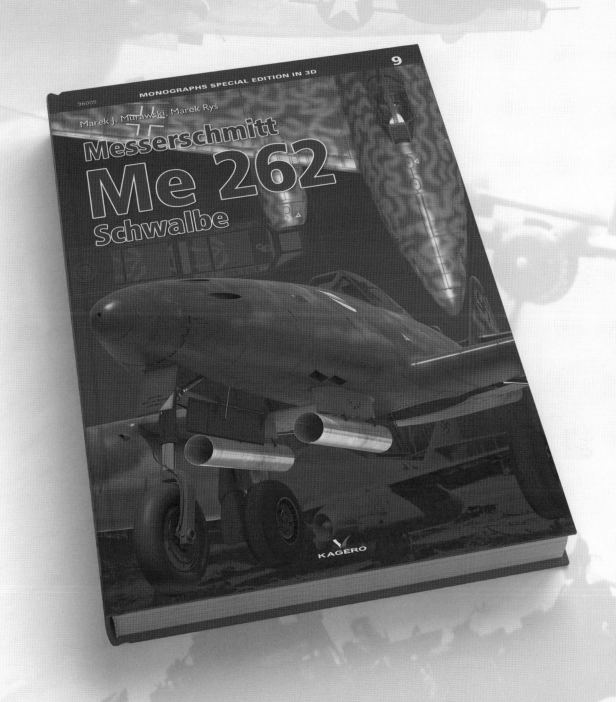

Dornier Do 17/Do 215

Drawings/Rysował: Mariusz Łukasik

Attention! In some views the course of riveted joints have been simplified for the drawings clearness
Uwaga! Na części rzutów uproszczono dla czytelności rysunku przebieg szwów nitowych

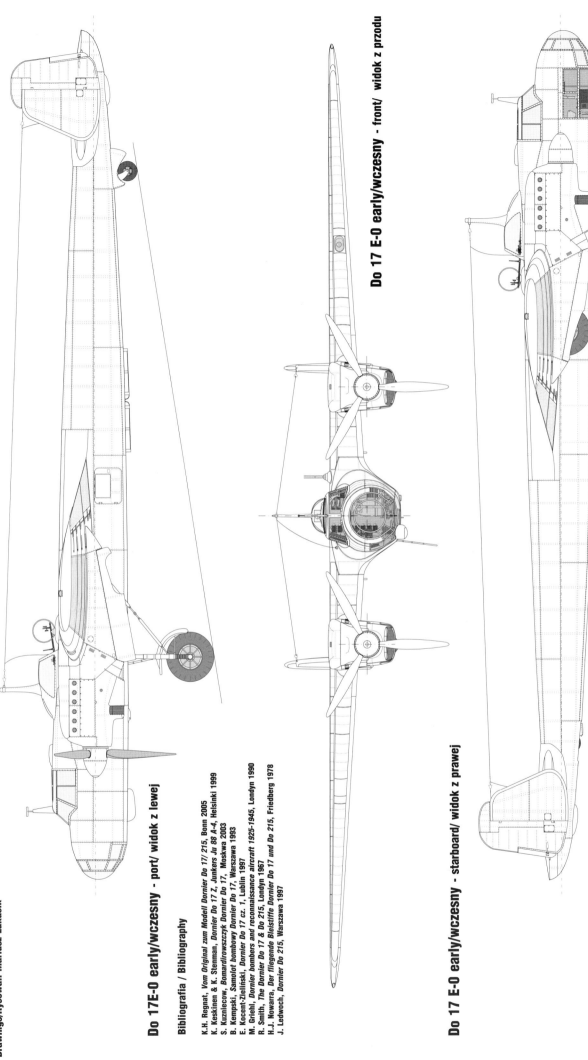

Do 17E-0 early/wczesny - port/ widok z lewej

Bibliografia / Bibliography

K.H. Regnat, *Vom Original zum Modell Dornier Do 17/ 215*, Bonn 2005
K. Keskinen & K. Stenman, *Dornier Do 17 Z, Junkers Ju 88 A-4*, Helsinki 1999
S. Kuzniecow, *Bomardirowszczyk Dornier Do 17*, Moskwa 2003
B. Kempski, *Samolot bombowy Dornier Do 17*, Warszawa 1993
E. Kocent-Zieliński, *Dornier Do 17 cz. 1*, Lublin 1997
M. Griehl, *Dornier bombers and reconnaissance aircraft 1925-1945*, Londyn 1990
R. Smith, *The Dornier Do 17 & Do 215*, Londyn 1967
H.J. Nowarra, *Der fliegende Bleistifte Dornier Do 17 und Do 215*, Friedberg 1978
J. Ledwoch, *Dornier Do 215*, Warszawa 1997

Do 17 E-0 early/wczesny - front/ widok z przodu

Do 17 E-0 early/wczesny - starboard/ widok z prawej

The drawings have been prepared using previously published literature, documentary evidence and contemporary photographs.
Rysunki zostały opracowane na podstawie podanej literatury oraz zdjęć dokumentalnych.

Scale/Skala: 1/72

0   0,5   1   2   3m

Dornier Do 17/Do 215

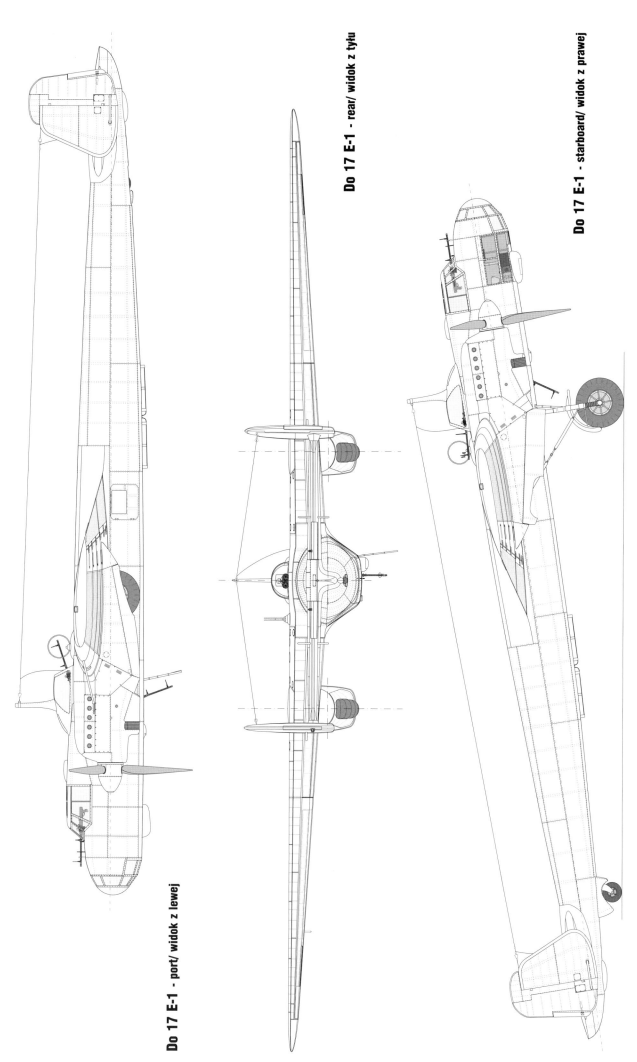

Do 17 E-1 - port/ widok z lewej

Do 17 E-1 - rear/ widok z tyłu

Do 17 E-1 - starboard/ widok z prawej

Scale/Skala:1/72

2   3m

Dornier Do 17/Do 215

Do 17 F - front/ widok z przodu

Do 17 F - starboard/ widok z prawej

Do 17 F - port/ widok z lewej

Scale/Skala: 1/72

0   0,5   1   2   3m

Dornier Do 17/Do 215

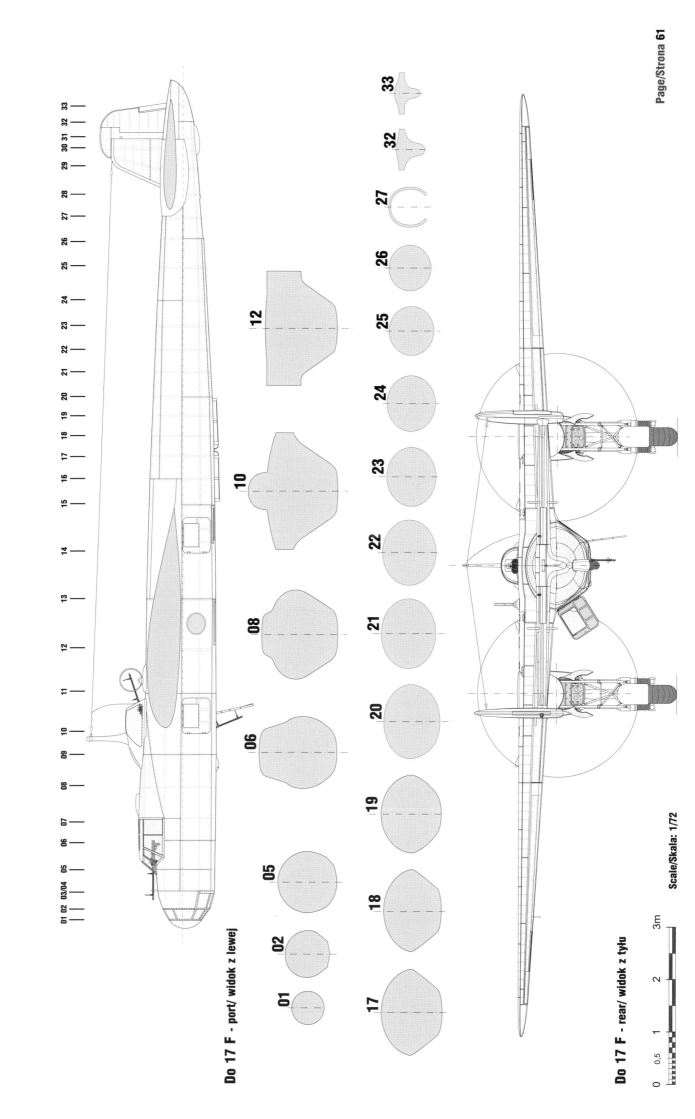

Do 17 F - port/ widok z lewej

Do 17 F - rear/ widok z tyłu

Scale/Skala: 1/72

0   0,5   1   2   3m

Dornier Do 17/Do 215

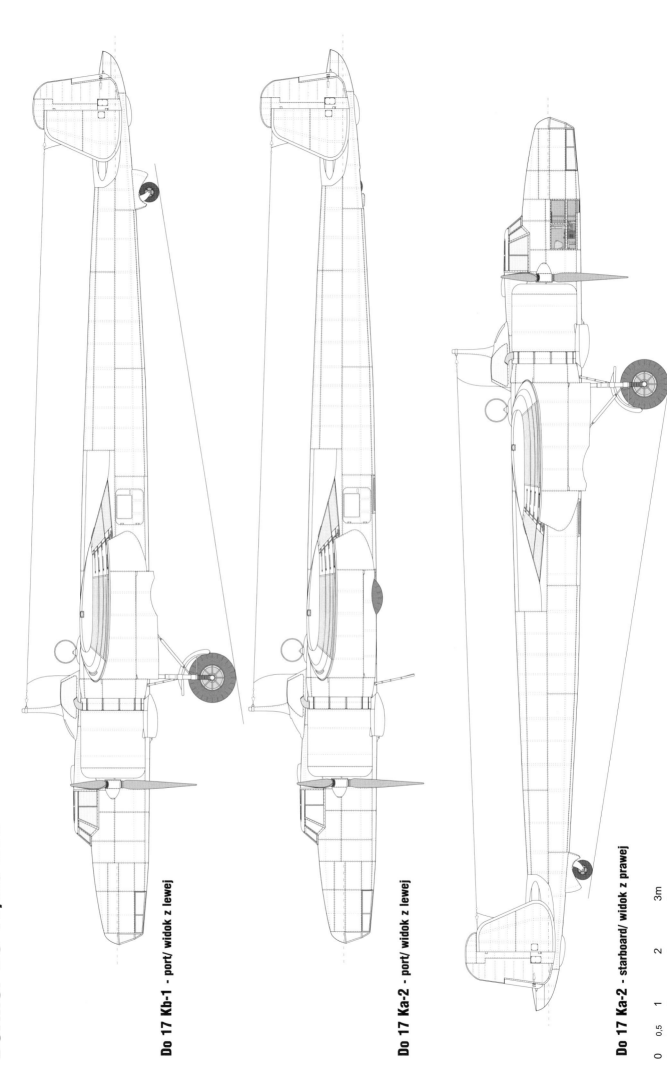

Do 17 Kb-1 - port/ widok z lewej

Do 17 Ka-2 - port/ widok z lewej

Do 17 Ka-2 - starboard/ widok z prawej

Scale/Skala: 1/72

0   0,5   1   2   3m

Dornier Do 17/Do 215

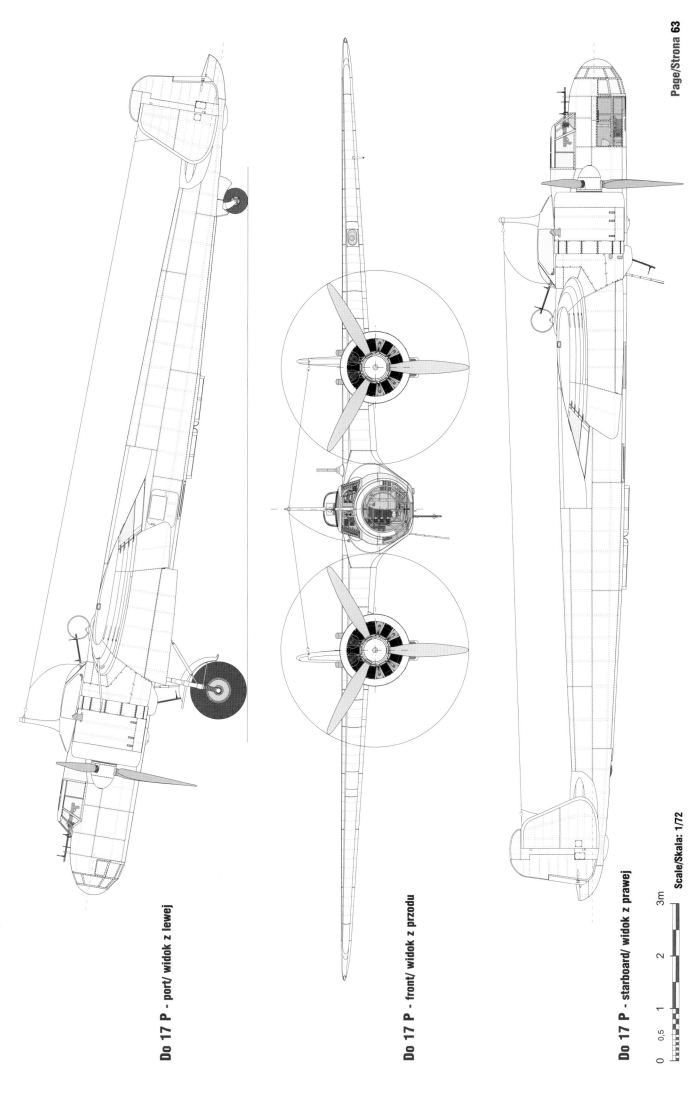

Do 17 P - port/ widok z lewej

Do 17 P - front/ widok z przodu

Do 17 P - starboard/ widok z prawej

Scale/Skala: 1/72

0   0,5   1   2   3m

Dornier Do 17/Do 215

Do 17 M - port/ widok z lewej

Do 17 M - front/ widok z przodu

Do 17 M - starboard/ widok z prawej

Scale/Skala: 1/72

0   0.5   1   2   3m

Dornier Do 17/Do 215

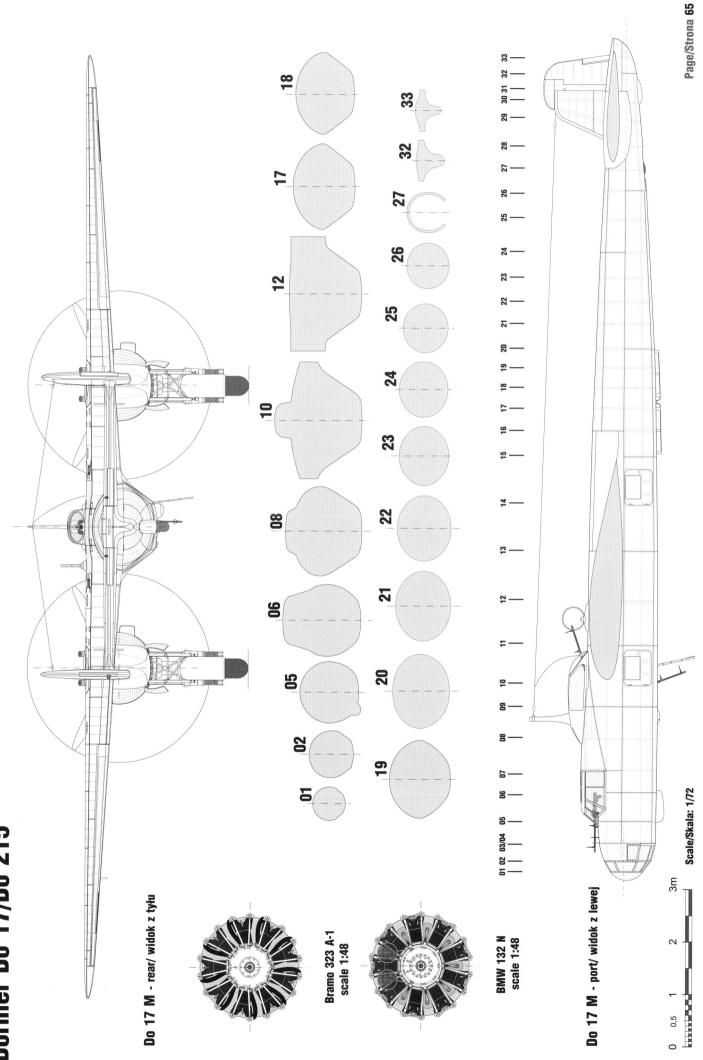

Do 17 M - rear/ widok z tyłu

Bramo 323 A-1
scale 1:48

BMW 132 N
scale 1:48

Do 17 M - port/ widok z lewej

Scale/Skala: 1/72

Page/Strona 65

Dornier Do 17/Do 215

Attention! In some views the course of riveted joints have been simplified for the drawings clearness
Uwaga! Na części rzutów uproszczono dla czytelności rysunku przebieg szwów nitowych

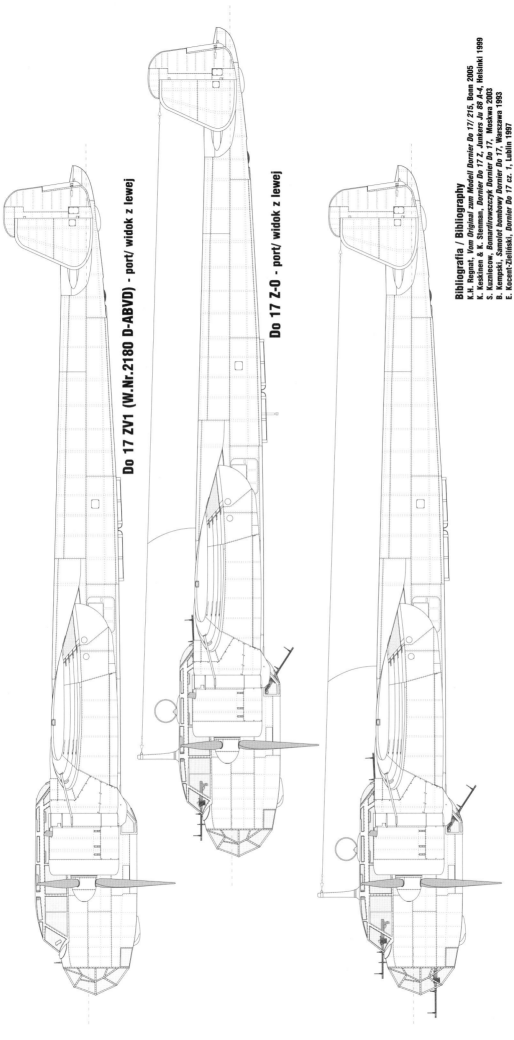

Do 17 ZV1 (W.Nr.2180 D-ABVD) - port/ widok z lewej

Do 17 Z-0 - port/ widok z lewej

Do 17 Z-1 - port/ widok z lewej

Scale/Skala: 1/72

0   0,5   1   2   3m

Bibliografia / Bibliography
K.H. Regnat, *Vom Original zum Modell Dornier Do 17/ 215*, Bonn 2005
K. Keskinen & K. Stenman, *Dornier Do 17 Z, Junkers Ju 88 A-4*, Helsinki 1999
S. Kuzniecow, *Bombardirowszczyk Dornier Do 17*, Moskwa 2003
B. Kempski, *Samolot bombowy Dornier Do 17*, Warszawa 1993
E. Kocent-Zieliński, *Dornier Do 17 cz. 1*, Lublin 1997
M. Griehl, *Dornier bombers and reconnaissance aircraft 1925-1945*, Londyn 1990
R. Smith, *The Dornier Do 17 & Do 215*, Londyn 1967
H.J. Nowarra, *Der fliegende Bleistifte Dornier Do 17 und Do 215*, Friedberg 1978
J. Ledwoch, *Dornier Do 215*, Warszawa 1997
M. Griehl, *Dornier Do 17 E-Z, Do 215*, Erlangen 2005
A. Charuk, *Skorostnyje bombardirowszczyki Hitlera Do 17 i Do 217*, Moskwa 2012
B. Ciglic & D. Savic, *Dornier Do 17 the Yugoslav story*, Belgrad 2007
L.Dv.T.585/10a, Do 17Z Bedinungvorschrift, Berlin 1941
Baubeschreibung Nr.1330, Do 17Z-2 W.Nr.0173361, Friedsrichshafen 1938
Baubeschreibung Nr.1377, Zweimotoriges Kampfflugzeug Do 215, Friedsrichshafen 1939

The drawings have been prepared using previously published literature, documentary evidence and contemporary photographs.
Rysunki zostały opracowane na podstawie podanej literatury oraz zdjęć dokumentalnych.

Dornier Do 17/Do 215

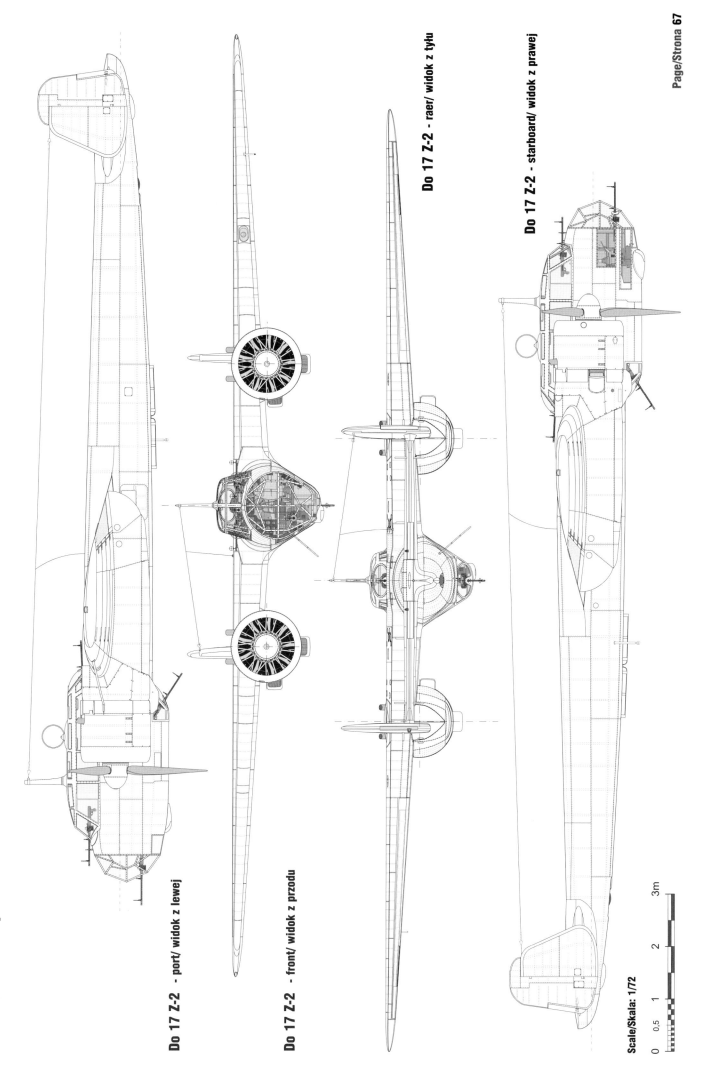

Do 17 Z-2 - port/ widok z lewej

Do 17 Z-2 - front/ widok z przodu

Do 17 Z-2 - raer/ widok z tyłu

Do 17 Z-2 - starboard/ widok z prawej

Scale/Skala: 1/72

0   0,5   1   2   3m

Dornier Do 17/Do 215

Do 17 Z-2 late/późny - starboard/ widok z prawej

Do 17 Z-2 late/późny - rear/ widok z tyłu

Do 17 Z-2 late/późny - port/ widok z lewej

Scale/Skala: 1/72

0   0,5   1   2   3m

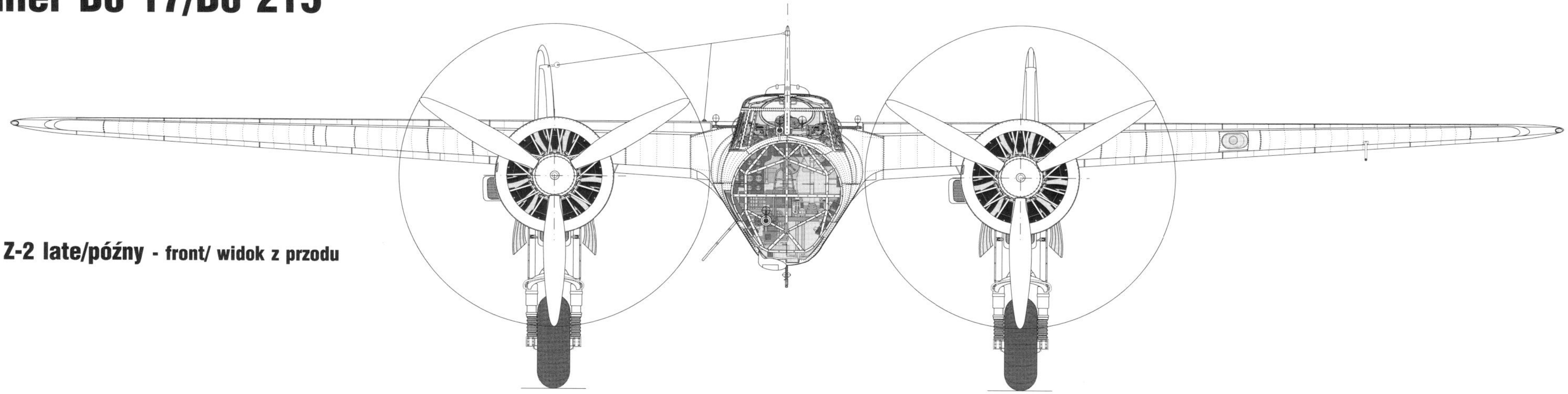

Dornier Do 17/Do 215

Do 17 Z-2 late/późny - front/ widok z przodu

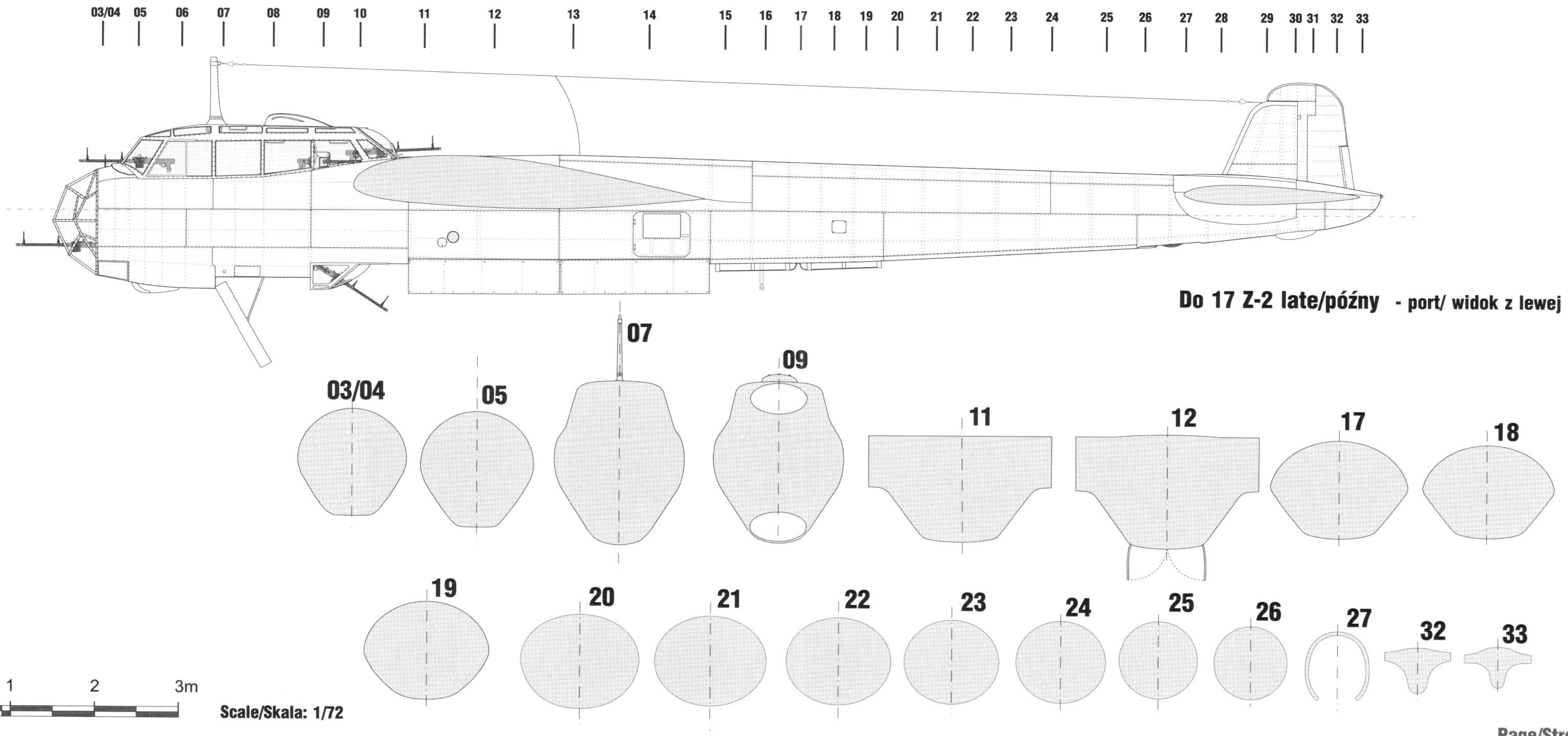

03/04 05 06 07 08 09 10 11 12 13 14 15 16 17 18 19 20 21 22 23 24 25 26 27 28 29 30 31 32 33

Do 17 Z-2 late/późny - port/ widok z lewej

18

17

12

11

33

32

27

09

26

25

24

23

22

21

20

19

07

05

03/04

Scale/Skala: 1/72

0 0,5 1 2 3m

Dornier Do 17/Do 215

Do 17 Z-2 late/ późny - top/ widok z góry

Scale/Skala: 1/72

0   0,5   1   2   3m

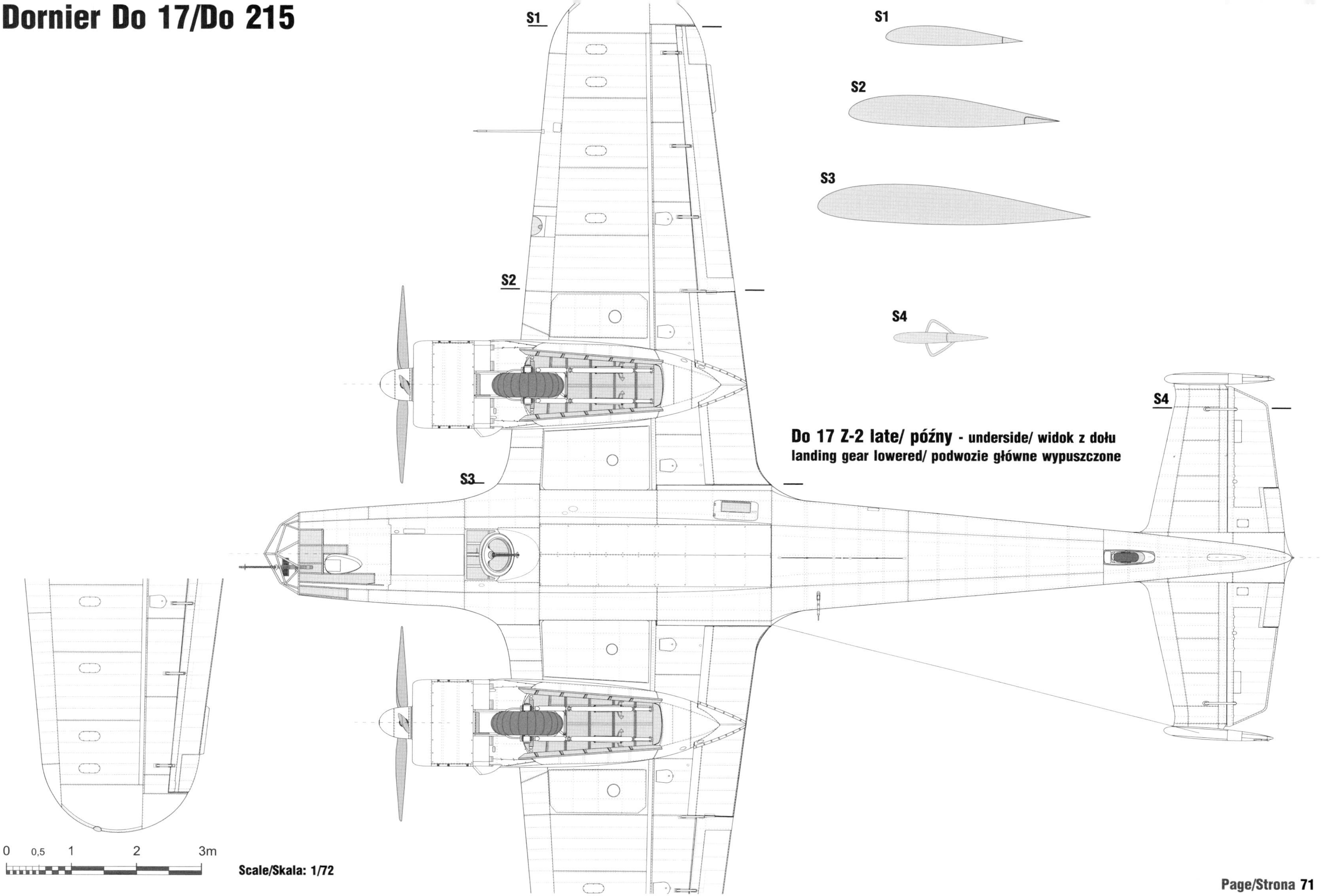

Dornier Do 17/Do 215

S1

S2

S3

S4

Do 17 Z-2 late/ późny - underside/ widok z dołu
landing gear lowered/ podwozie główne wypuszczone

Scale/Skala: 1/72

0   0,5   1   2   3m

Dornier Do 17/Do 215

Do 17 Z-3 - port/ widok z lewej

Do 17 Z-3 Finnish service/fiński - port/ widok z lewej

Do 17 Z-3 - rear/ widok z tyłu

Do 17 Z-3 with MG 151/15 in A-Stand - port/ widok z lewej

Scale/Skala: 1/72

0   0,5   1   2   3m

Dornier Do 17/Do 215

Do 17 Z-7 Kauz I first version/ pierwsza wersja - port/ widok z lewej

Do 17 Z-7 Kauz I second version/ druga wersja - port/ widok z lewej

Do 17 Z-10 Kauz II - port/ widok z lewej

Scale/Skala: 1/72

0   0,5   1   2   3m

Dornier Do 17/Do 215

Do 17 Z-10 Kauz II - top/ widok z góry

0   0,5   1   2   3m

Dornier Do 17/Do 215

Do 17 Z-10 Kauz II - underside/ widok z dołu

Scale/Skala: **1/72**

0   0,5   1   2   3m

Dornier Do 17/Do 215

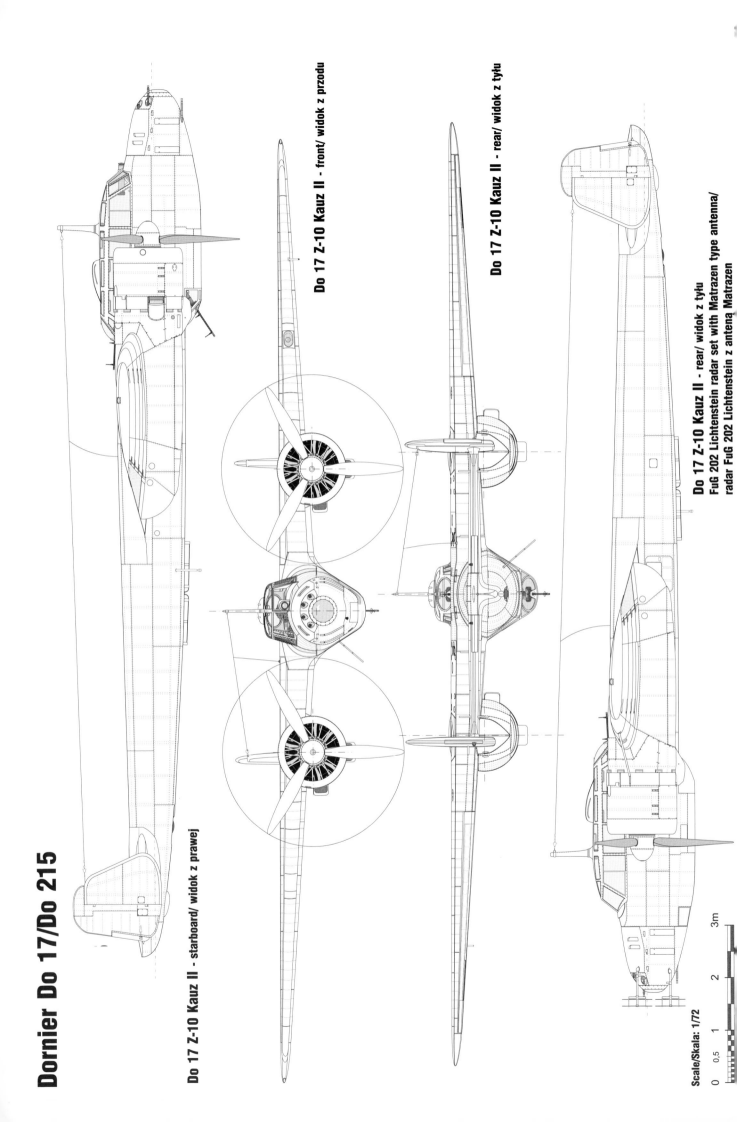

Do 17 Z-10 Kauz II - starboard/ widok z prawej

Do 17 Z-10 Kauz II - front/ widok z przodu

Do 17 Z-10 Kauz II - rear/ widok z tyłu

Do 17 Z-10 Kauz II - rear/ widok z tyłu
FuG 202 Lichtenstein radar set with Matrazen type antenna/
radar FuG 202 Lichtenstein z anteną Matrazen

Scale/Skala: 1/72

0   0,5   1   2   3m

Dornier
Do 17/Do 215

Do 215 B-2 - starboard/ widok z prawej

Do 215 B-2 - rear/ widok z tyłu

Do 215 B-2 - front/ widok z przodu

Do 215 B-3 - port/ widok z lewej

Scale/Skala: 1/72

0   0,5   1   2   3m

Dornier Do 17/Do 215

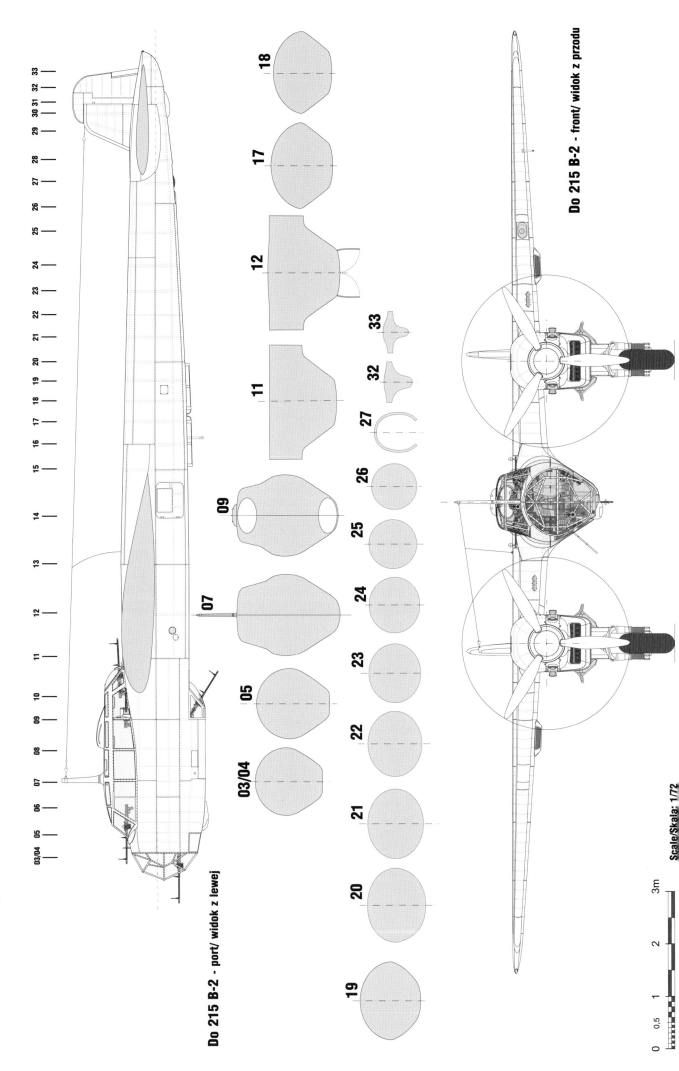

Do 215 B-2 - port/ widok z lewej

Do 215 B-2 - front/ widok z przodu

Scale/Skala: 1/72

Dornier Do 17/Do 215

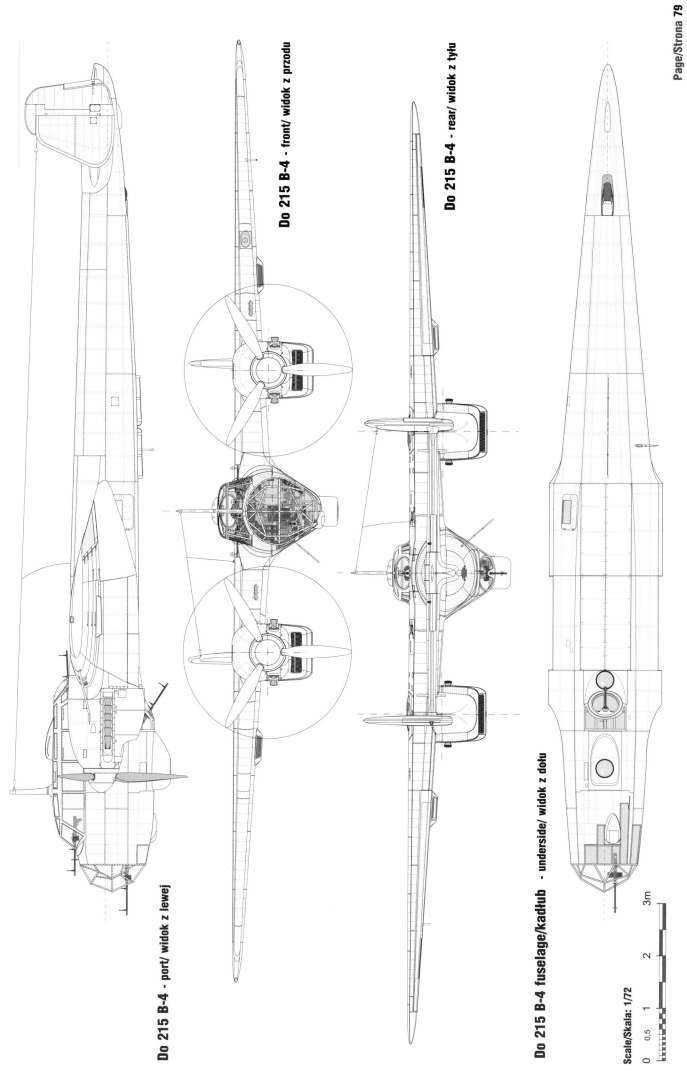

Do 215 B-4 - port/ widok z lewej

Do 215 B-4 - front/ widok z przodu

Do 215 B-4 - rear/ widok z tyłu

Do 215 B-4 fuselage/kadłub - underside/ widok z dołu

Scale/Skala: 1/72

0   0,5   1   2   3m

Dornier Do 17/Do 215

Do 215 B-4 - top/ widok z góry

Scale/Skala: 1/72

0   0,5   1   2   3m

Dornier Do 17/Do 215

Do 215 B-4 - underside/ widok z dołu

Scale/Skala: 1/72

0   0,5   1   2   3m

Dornier Do 17/Do 215

Do 215 B-5 Kauz III - starboard/ widok z prawej

Do 215 B-5 Kauz III - rear/ widok z tyłu
flaps fully extended/ klapy maksymalnie otworzone

Do 215 B-5 Kauz III - port/ widok z lewej

Scale/Skala: 1/72

0   0,5   1   2   3m

Dornier Do 17/Do 215

Do 215 B-5 Kauz III - port/ widok z lewej

Do 215 B-5 Kauz III - front/ widok z przodu

Scale/Skala: 1/72

0   0,5   1   2   3m

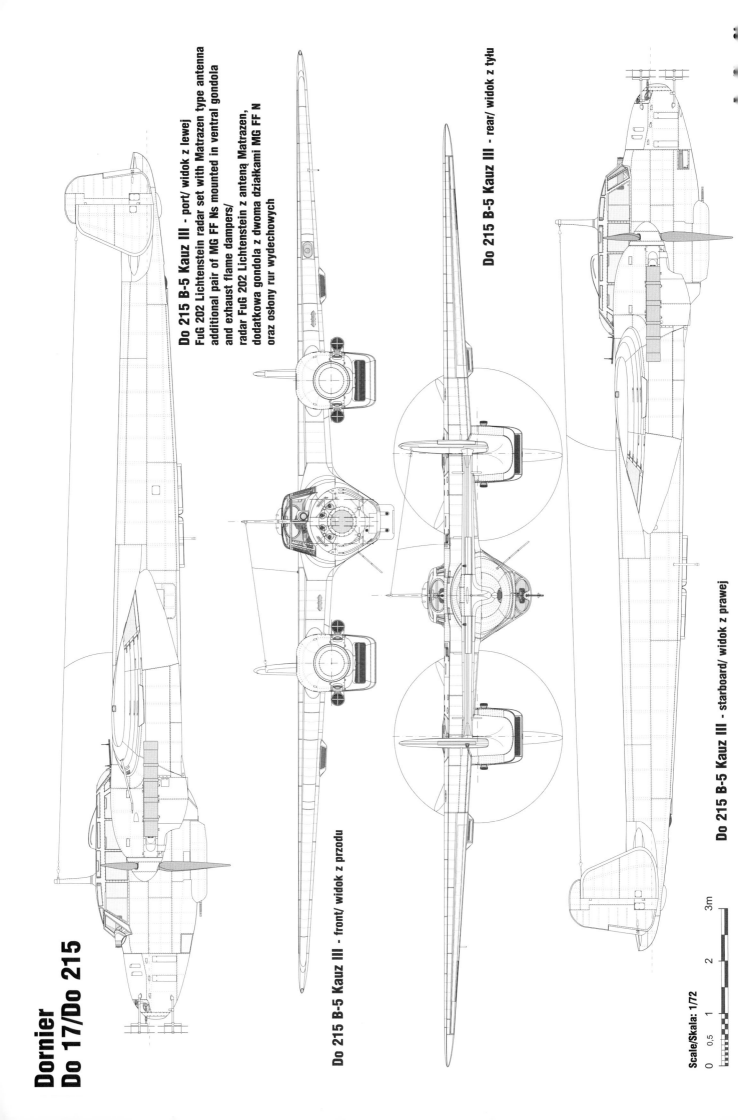

Dornier
Do 17/Do 215

Do 215 B-5 Kauz III - port/ widok z lewej
FuG 202 Lichtenstein radar set with Matrazen type antenna
additional pair of MG FF Ns mounted in ventral gondola
and exhaust flame dampers/
radar FuG 202 Lichtenstein z anteną Matrazen,
dodatkowa gondola z dwoma działkami MG FF N
oraz osłony rur wydechowych

Do 215 B-5 Kauz III - rear/ widok z tyłu

Do 215 B-5 Kauz III - front/ widok z przodu

Do 215 B-5 Kauz III - starboard/ widok z prawej

Scale/Skala: 1/72

0   0,5   1   2   3m

Dornier Do 17/Do 215

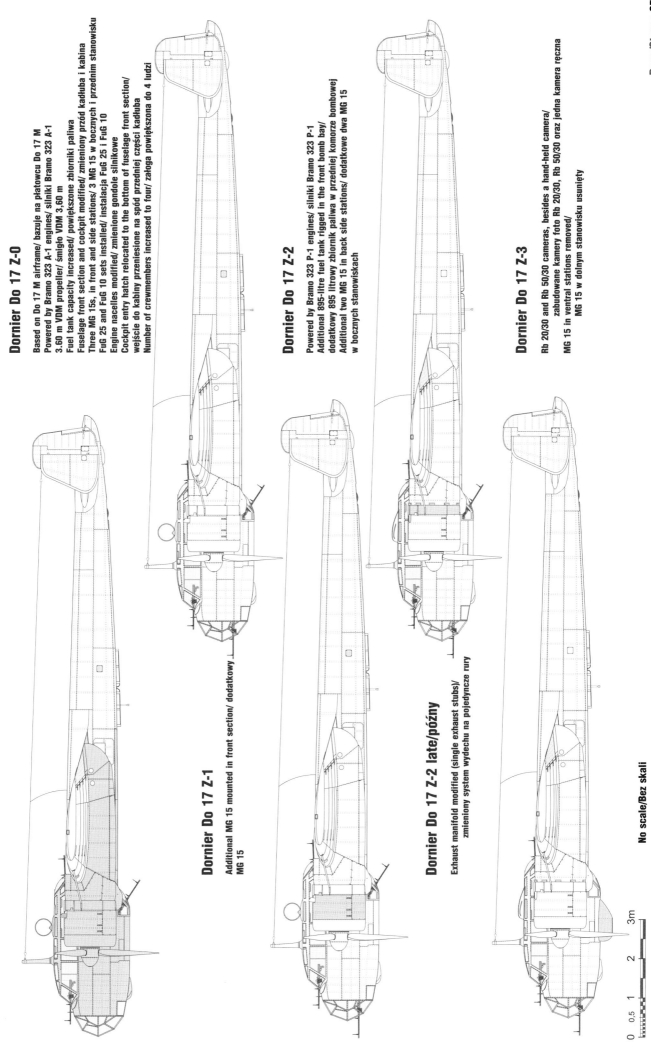

Dornier Do 17 Z-0

Based on Do 17 M airframe/ bazuje na platowcu Do 17 M
Powered by Bramo 323 A-1 engines/ silniki Bramo 323 A-1
3.60 m VDM propeller/ śmigło VDM 3,60 m
Fuel tank capacity increased/ powiększone zbiorniki paliwa
Fuselage front section and cockpit modified/ zmieniony przód kadłuba i kabina
Three MG 15s, in front and side stations/ 3 MG 15 w bocznych i przednim stanowisku
FuG 25 and FuG 10 sets installed/ instalacja FuG 25 i FuG 10
Engine nacelles modified/ zmienione gondole silnikowe
Cockpit entry hatch relocated to the bottom of fuselage front section/
wejście do kabiny przeniesione na spód przedniej części kadłuba
Number of crewmembers increased to four/ załoga powiększona do 4 ludzi

Dornier Do 17 Z-1

Additional MG 15 mounted in front section/ dodatkowy
MG 15

Dornier Do 17 Z-2

Powered by Bramo 323 P-1 engines/ silniki Bramo 323 P-1
Additional 895-litre fuel tank rigged in the front bomb bay/
dodatkowy 895 litrowy zbiornik paliwa w przedniej komorze bombowej
Additional two MG 15 in back side stations/ dodatkowe dwa MG 15
w bocznych stanowiskach

Dornier Do 17 Z-2 late/późny

Exhaust manifold modified (single exhaust stubs)/
zmieniony system wydechu na pojedyncze rury

Dornier Do 17 Z-3

Rb 20/30 and Rb 50/30 cameras, besides a hand-held camera/
zabudowane kamery foto Rb 20/30, Rb 50/30 oraz jedna kamera ręczna
MG 15 in ventral stations removed/
MG 15 w dolnym stanowisku usunięty

No scale/Bez skali

0   0.5   1   2   3m

Dornier Do 17/Do 215

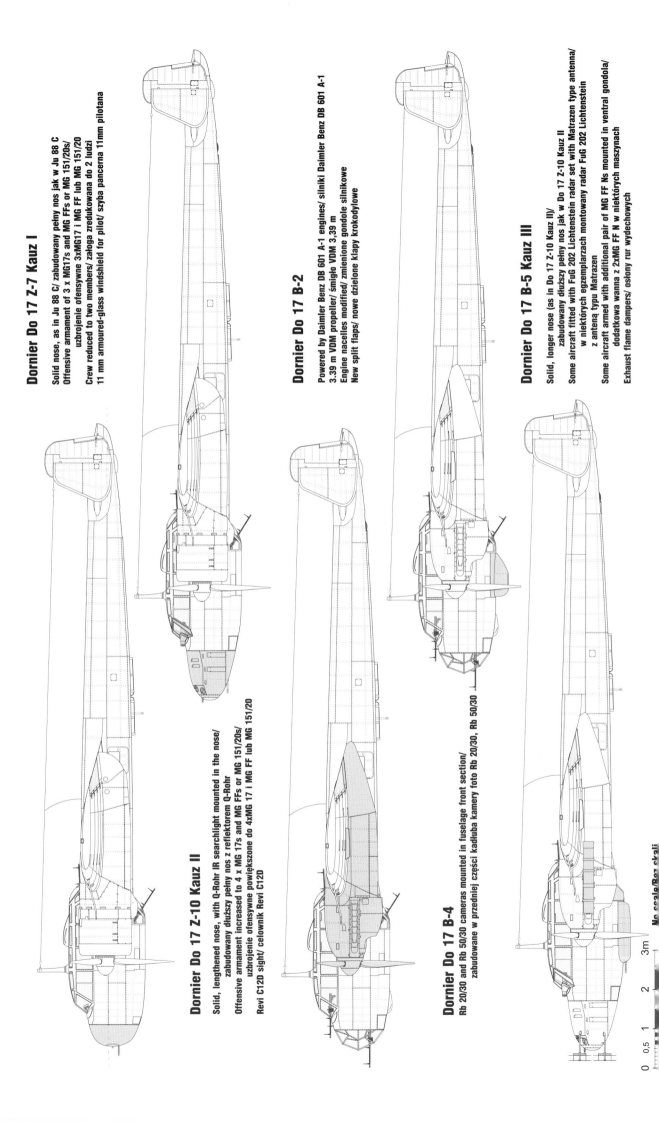

Dornier Do 17 Z-7 Kauz I

Solid nose, as in Ju 88 C/ zabudowany pełny nos jak w Ju 88 C
Offensive armament of 3 x MG17s and MG FFs or MG 151/20s/
uzbrojenie ofensywne 3xMG17 i MG FF lub MG 151/20
Crew reduced to two members/ załoga zredukowana do 2 ludzi
11 mm armoured-glass windshield for pilot/ szyba pancerna 11mm pilotana

Dornier Do 17 Z-10 Kauz II

Solid, lengthened nose, with Q-Rohr IR searchlight mounted in the nose/
zabudowany dłuższy pełny nos z reflektorem Q-Rohr
Offensive armament increased to 4 x MG 17s and MG FFs or MG 151/20s/
uzbrojenie ofensywne powiększone do 4xMG 17 i MG FF lub MG 151/20
Revi C12D sight/ celownik Revi C12D

Dornier Do 17 B-2

Powered by Daimler Benz DB 601 A-1 engines/ silniki Daimler Benz DB 601 A-1
3.39 m VDM propeller/ śmigło VDM 3.39 m
Engine nacelles modified/ zmienione gondole silnikowe
New split flaps/ nowe dzielone klapy krokodylowe

Dornier Do 17 B-4

Rb 20/30 and Rb 50/30 cameras mounted in fuselage front section/
zabudowane w przedniej części kadłuba kamery foto Rb 20/30, Rb 50/30

Dornier Do 17 B-5 Kauz III

Solid, longer nose (as in Do 17 Z-10 Kauz II)/
zabudowany dłuższy pełny nos jak w Do 17 Z-10 Kauz II
Some aircraft fitted with FuG 202 Lichtenstein radar set with Matrazen type antenna/
w niektórych egzemplarzach montowany radar FuG 202 Lichtenstein
z anteną typu Matrazen
Some aircraft armed with additional pair of MG FF Ns mounted in ventral gondola/
dodatkowa wanna z 2xMG FF N w niektórych maszynach
Exhaust flame dampers/ osłony rur wydechowych

No scale/Bez skali

0 0,5 1 2 3m

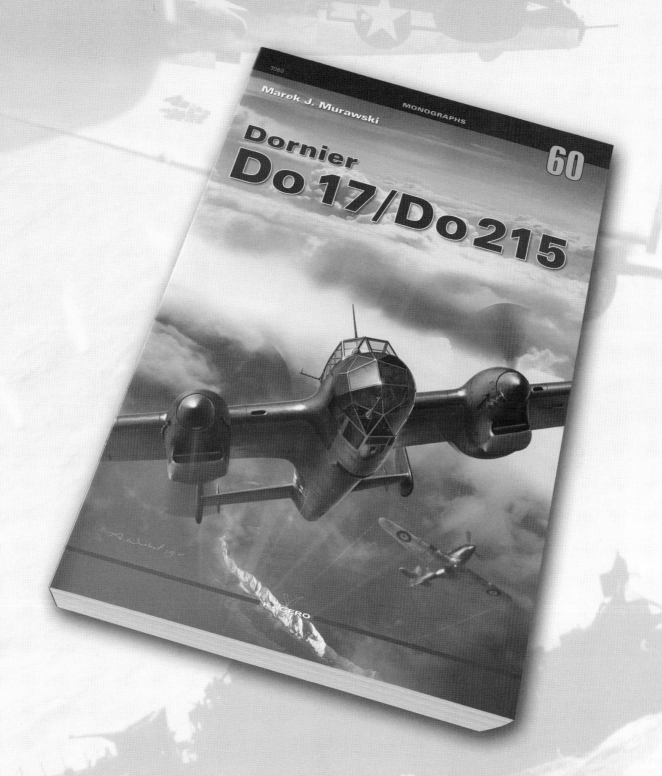

Curtiss P-40

Drawings/Rysował: Mariusz Łukasik

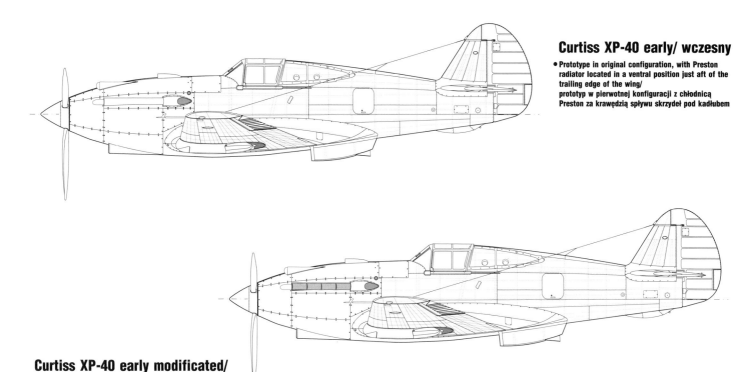

Curtiss XP-40 early/ wczesny

- Prototype in original configuration, with Preston radiator located in a ventral position just aft of the trailing edge of the wing/
  prototyp w pierwotnej konfiguracji z chłodnicą Preston za krawędzią spływu skrzydeł pod kadłubem

Curtiss XP-40 early modificated/ wczesny po zmianach

- Modified exhaust stacks/
  zmienione kolektory wydechowe

Curtiss XP-40 late/ późny

- Ventral radiator relocated forward under the nose/
  chłodnica przeniesiona pod przednią część kadłuba
- Modified exhaust stacks/
  zmienione kolektory wydechowe
- Cowl guns installed/
  zamontowane uzbrojenie w kadłubie
- Separate air intake on the upper cowling eliminated/
  zlikwidowany wlot powietrza na górze kadłuba

Curtiss P-40

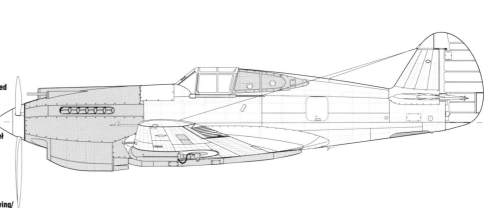

- Scoop housing radiators further enlarged and carried forward towards the propeller. Engine cooling cowl flaps,which regulated the airflow, mounted at the rear of the chin scoop/
  chłodnica powiększona, przesunięta do przodu i wyposażona w żaluzje regulujące przepływ
- Leading edges of the wingroots reshaped/
  nowy kształt krawędzi natarcia przykadłubowych części skrzydeł
- Wing-fuselage joints reshaped/
  nowy kształt przejścia skrzydło-kadłub
- Port aileron fitted with a controllable trim tab/
  ruchoma klapka wyważająca na lewej lotce
- Exhausts modified (individual stubs of circular cross-section)/
  zmienione kolektory wydechowe
- Two additional 0.3 in. (7,62 mm) machine guns, one in each wing/
  zamontowane dodatkowe 2 km-y 7,62 mm po jednym w każdym skrzydle
- Carburettor air intake repositioned between the nose gun blast tubes/
  dodany długi wlot powietrza na górze kadłuba
- Flush-riveting introduced/
  zastosowanie nitów z wpuszczanymi łbami
- Main landing gear and tailwheel modified/
  zmienione podwozie główne i ogonowe
- Additional fairing under fuselage/
  dodana owiewka pod kadłubem
- Glazed side panels aft of the cockpit redesigned/
  zmieniony panel oszklenia za kabiną pilota

0   0,5   1   2   3m

Scale/Skala: 1/72

Curtiss P-40

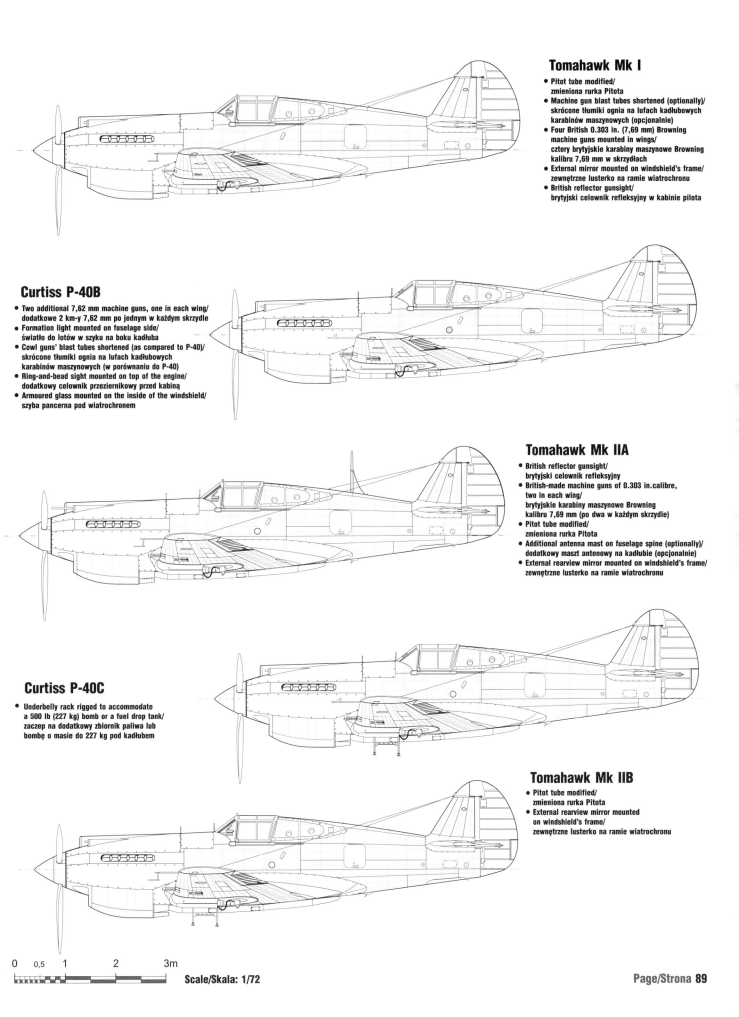

Tomahawk Mk I
- Pitot tube modified/
  zmieniona rurka Pitota
- Machine gun blast tubes shortened (optionally)/
  skrócone tłumiki ognia na lufach kadłubowych
  karabinów maszynowych (opcjonalnie)
- Four British 0.303 in. (7,69 mm) Browning
  machine guns mounted in wings/
  cztery brytyjskie karabiny maszynowe Browning
  kalibru 7,69 mm w skrzydłach
- External mirror mounted on windshield's frame/
  zewnętrzne lusterko na ramie wiatrochronu
- British reflector gunsight/
  brytyjski celownik refleksyjny w kabinie pilota

Curtiss P-40B
- Two additional 7,62 mm machine guns, one in each wing/
  dodatkowe 2 km-y 7,62 mm po jednym w każdym skrzydle
- Formation light mounted on fuselage side/
  światło do lotów w szyku na boku kadłuba
- Cowl guns' blast tubes shortened (as compared to P-40)/
  skrócone tłumiki ognia na lufach kadłubowych
  karabinów maszynowych (w porównaniu do P-40)
- Ring-and-bead sight mounted on top of the engine/
  dodatkowy celownik przeziernikowy przed kabiną
- Armoured glass mounted on the inside of the windshield/
  szyba pancerna pod wiatrochronem

Tomahawk Mk IIA
- British reflector gunsight/
  brytyjski celownik refleksyjny
- British-made machine guns of 0.303 in.calibre,
  two in each wing/
  brytyjskie karabiny maszynowe Browning
  kalibru 7,69 mm (po dwa w każdym skrzydle)
- Pitot tube modified/
  zmieniona rurka Pitota
- Additional antenna mast on fuselage spine (optionally)/
  dodatkowy maszt antenowy na kadłubie (opcjonalnie)
- External rearview mirror mounted on windshield's frame/
  zewnętrzne lusterko na ramie wiatrochronu

Curtiss P-40C
- Underbelly rack rigged to accommodate
  a 500 lb (227 kg) bomb or a fuel drop tank/
  zaczep na dodatkowy zbiornik paliwa lub
  bombę o masie do 227 kg pod kadłubem

Tomahawk Mk IIB
- Pitot tube modified/
  zmieniona rurka Pitota
- External rearview mirror mounted
  on windshield's frame/
  zewnętrzne lusterko na ramie wiatrochronu

0   0,5   1   2   3m

Scale/Skala: 1/72

Curtiss P-40

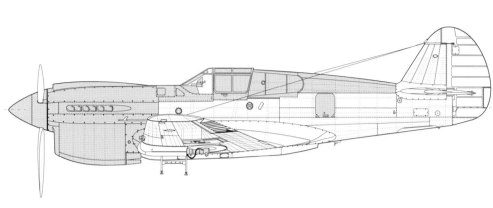

Curtiss P-40D

- Overall length of the aircraft reduced to 9.50 m (by 17 cm)/
  długość samolotu zmniejszona do 9,50 m (o 17 cm)
- Reshaped cowling/
  nowy kształt osłony silnika
- Carburettor intake in the upper nose cowling reshaped/
  nowy kształt wlotu powietrza do gaźnika na osłonie silnika
- Radiator assembly suspended beneath the engine increased
  in size and moved forward/
  powiększona i wydłużona obudowa chłodnic pod silnikiem
- Fuel and oil tanks' filler points repositioned/
  przeniesione wloty do kadłubowego zbiornika paliwa i oleju
- Cowl-mounted guns removed/
  brak uzbrojenia w kadłubie
- Four wing-mounted 0.50 cal (12,7 mm) machine guns,
  two per each wing/
  cztery karabiny maszynowe kal. 12,7 mm w skrzydłach
  (po dwa w każdym skrzydle)
- Fuselage spine aft of the cockpit lowered/
  obniżony grzbiet kadłuba za kabiną pilota
- Redesigned windshield with a flat front armour glass panel/
  nowy wiatrochron z integralną płaską szybą pancerną
- Reshaped canopy/
  nowy kształt osłony kabiny
- Glazed side panels aft of the cockpit enlarged/
  powiększone panele oszklenia za kabiną
- New reflector gunsight/
  nowy typ celownika refleksyjnego

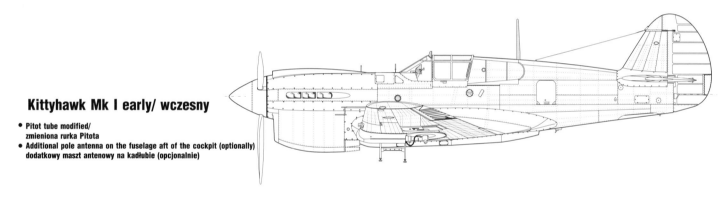

Kittyhawk Mk I early/ wczesny

- Pitot tube modified/
  zmieniona rurka Pitota
- Additional pole antenna on the fuselage aft of the cockpit (optionally)
  dodatkowy maszt antenowy na kadłubie (opcjonalnie)

Curtiss P-40E, Kittyhawk Mk I late/ późny

- Six wing-mounted 0.50 cal machine guns (three per wing)/
  sześć karabinów maszynowych kal. 12,7 mm w skrzydłach
  (po trzy w każdym skrzydle)
- Additional pole antenna on the fuselage aft of the cockpit
  (optionally)/
  dodatkowy maszt antenowy na kadłubie (opcjonalnie)

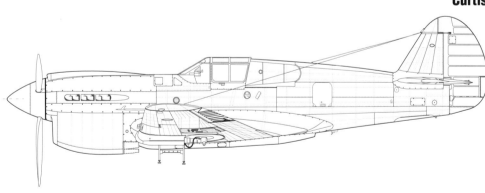

Curtiss P-40E-1, Kittyhawk Mk IA

- Underwing bomb racks (optionally)/
  zaczepy bombowe pod skrzydłami (opcjonalnie)
- Rearview mirror mounted on windshield's frame/
  zewnętrzne lusterko na ramie wiatrochronu
- Additional pole antenna on the fuselage aft of the cockpit (optionally)/
  dodatkowy maszt antenowy na kadłubie (opcjonalnie)

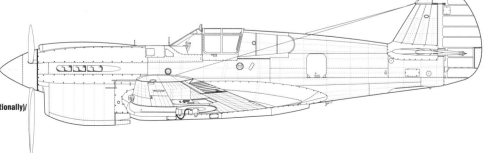

0   0,5   1   2   3m

Scale/Skala: 1/72

Curtiss P-40

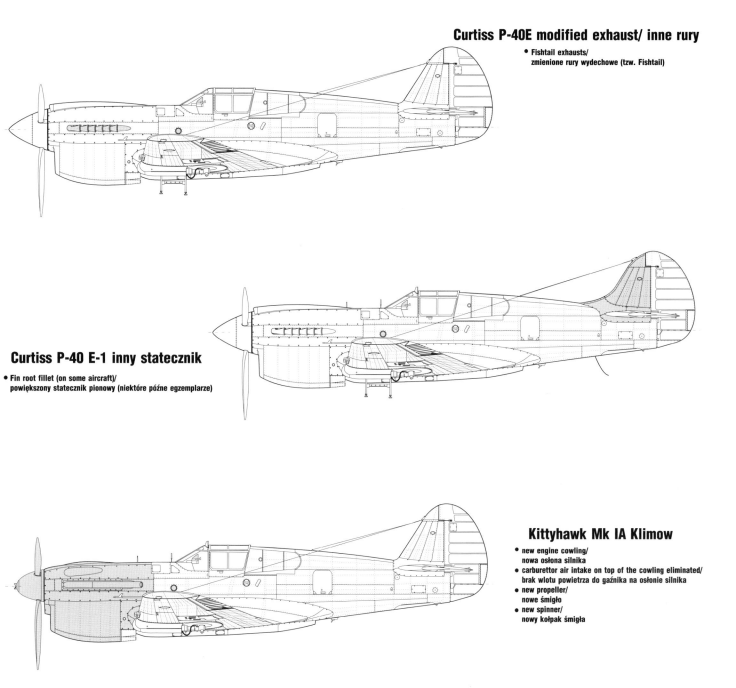

Curtiss P-40E modified exhaust/ inne rury

- Fishtail exhausts/
  zmienione rury wydechowe (tzw. Fishtail)

Curtiss P-40 E-1 inny statecznik

- Fin root fillet (on some aircraft)/
  powiększony statecznik pionowy (niektóre późne egzemplarze)

Kittyhawk Mk IA Klimow

- new engine cowling/
  nowa osłona silnika
- carburettor air intake on top of the cowling eliminated/
  brak wlotu powietrza do gaźnika na osłonie silnika
- new propeller/
  nowe śmigło
- new spinner/
  nowy kołpak śmigła

Curtiss TP-40E

- Second cockpit in rear fuselage/
  druga kabina w tylnej części kadłuba

0 0,5 1   2   3m

Curtiss P-40

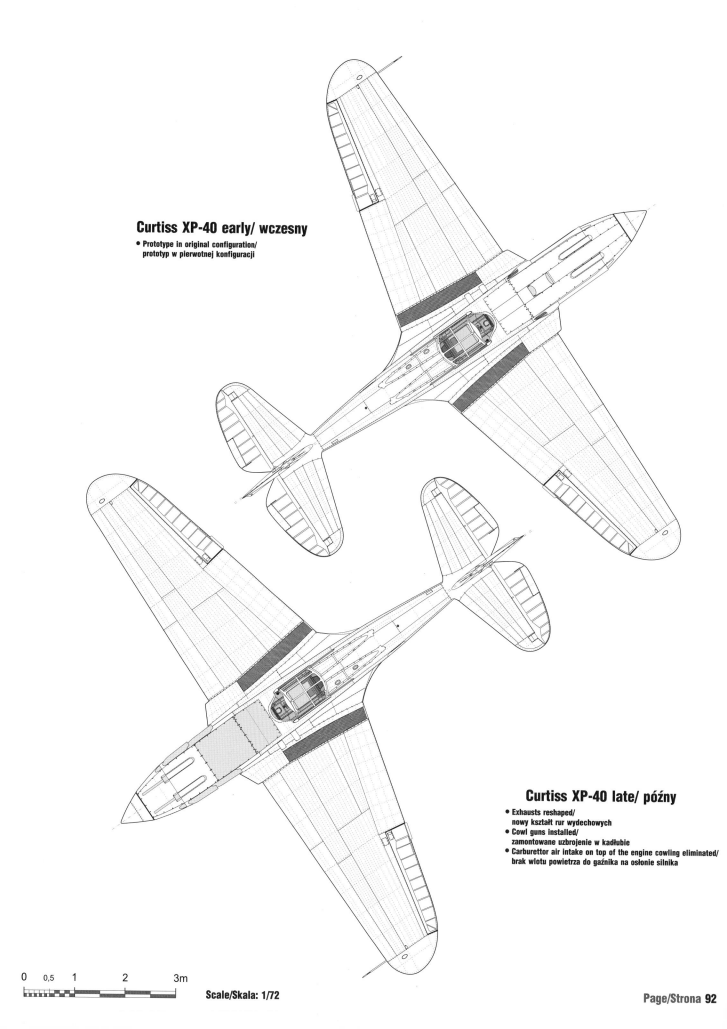

Curtiss XP-40 early/ wczesny
- Prototype in original configuration/ prototyp w pierwotnej konfiguracji

Curtiss XP-40 late/ późny
- Exhausts reshaped/ nowy kształt rur wydechowych
- Cowl guns installed/ zamontowane uzbrojenie w kadłubie
- Carburettor air intake on top of the engine cowling eliminated/ brak wlotu powietrza do gaźnika na osłonie silnika

0   0,5   1   2   3m

Scale/Skala: 1/72

Curtiss P-40

Curtiss P-40

- Carburettor air intake on top of the engine cowling/
  wlot powietrza do gaźnika na górze osłony silnika
- Glazed side panels aft of the cockpit redesigned/
  zmienione panele oszklenia za kabiną pilota
- Leading edges of the wingroots reshaped/
  nowy kształt krawędzi natarcia przykadłubowych części skrzydeł
- Wing-fuselage joints reshaped/
  nowy kształt przejścia skrzydło-kadłub
- Two additional 0.3 in. (7.62 mm) machine guns, one in each wing/
  dwa karabiny maszynowe kal. 7,62 mm w skrzydłach (po jednym w każdym skrzydle)
- Exhausts reshaped/
  nowy kształt rur wydechowych
- Landing gear modified/
  zmienione podwozie
- Port aileron fitted with a controllable trim tab/
  ruchoma klapka wyważająca na lewej lotce

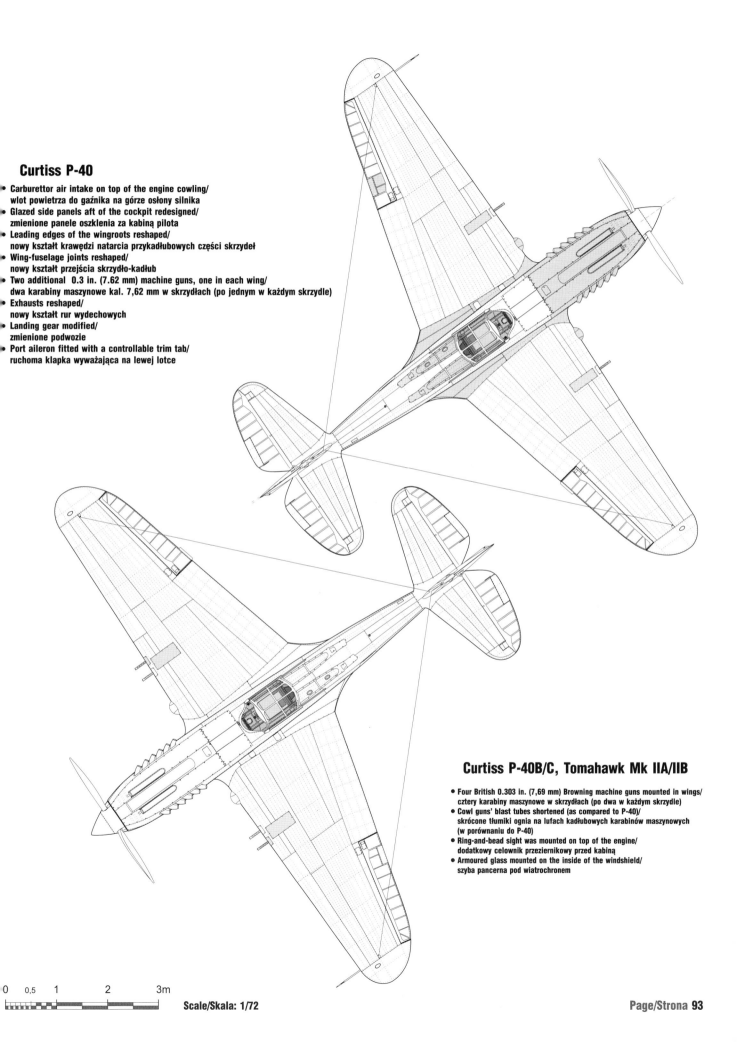

Curtiss P-40B/C, Tomahawk Mk IIA/IIB

- Four British 0.303 in. (7,69 mm) Browning machine guns mounted in wings/
  cztery karabiny maszynowe w skrzydłach (po dwa w każdym skrzydle)
- Cowl guns' blast tubes shortened (as compared to P-40)/
  skrócone tłumiki ognia na lufach kadłubowych karabinów maszynowych
  (w porównaniu do P-40)
- Ring-and-bead sight was mounted on top of the engine/
  dodatkowy celownik przeziernikowy przed kabiną
- Armoured glass mounted on the inside of the windshield/
  szyba pancerna pod wiatrochronem

0   0,5   1   2   3m

Scale/Skala: 1/72

Curtiss P-40

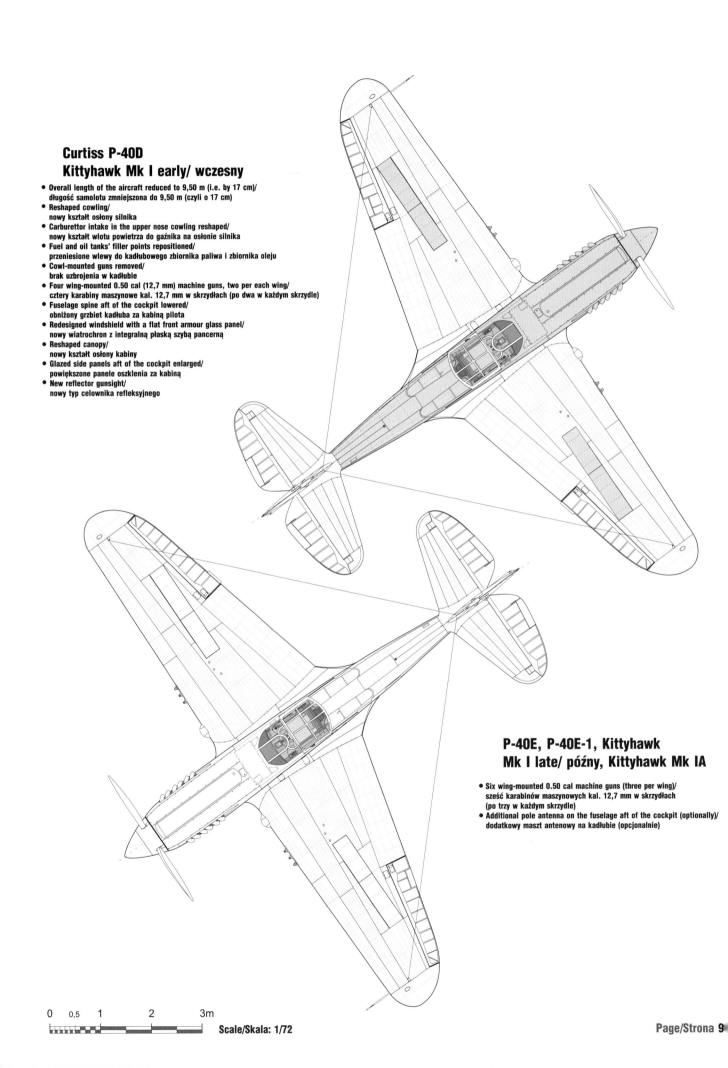

Curtiss P-40D
Kittyhawk Mk I early/ wczesny

- Overall length of the aircraft reduced to 9,50 m (i.e. by 17 cm)/ długość samolotu zmniejszona do 9,50 m (czyli o 17 cm)
- Reshaped cowling/ nowy kształt osłony silnika
- Carburettor intake in the upper nose cowling reshaped/ nowy kształt wlotu powietrza do gaźnika na osłonie silnika
- Fuel and oil tanks' filler points repositioned/ przeniesione wlewy do kadłubowego zbiornika paliwa i zbiornika oleju
- Cowl-mounted guns removed/ brak uzbrojenia w kadłubie
- Four wing-mounted 0.50 cal (12,7 mm) machine guns, two per each wing/ cztery karabiny maszynowe kal. 12,7 mm w skrzydłach (po dwa w każdym skrzydle)
- Fuselage spine aft of the cockpit lowered/ obniżony grzbiet kadłuba za kabiną pilota
- Redesigned windshield with a flat front armour glass panel/ nowy wiatrochron z integralną płaską szybą pancerną
- Reshaped canopy/ nowy kształt osłony kabiny
- Glazed side panels aft of the cockpit enlarged/ powiększone panele oszklenia za kabiną
- New reflector gunsight/ nowy typ celownika refleksyjnego

P-40E, P-40E-1, Kittyhawk
Mk I late/ późny, Kittyhawk Mk IA

- Six wing-mounted 0.50 cal machine guns (three per wing)/ sześć karabinów maszynowych kal. 12,7 mm w skrzydłach (po trzy w każdym skrzydle)
- Additional pole antenna on the fuselage aft of the cockpit (optionally)/ dodatkowy maszt antenowy na kadłubie (opcjonalnie)

0   0,5   1   2   3m

Scale/Skala: 1/72

Curtiss P-40

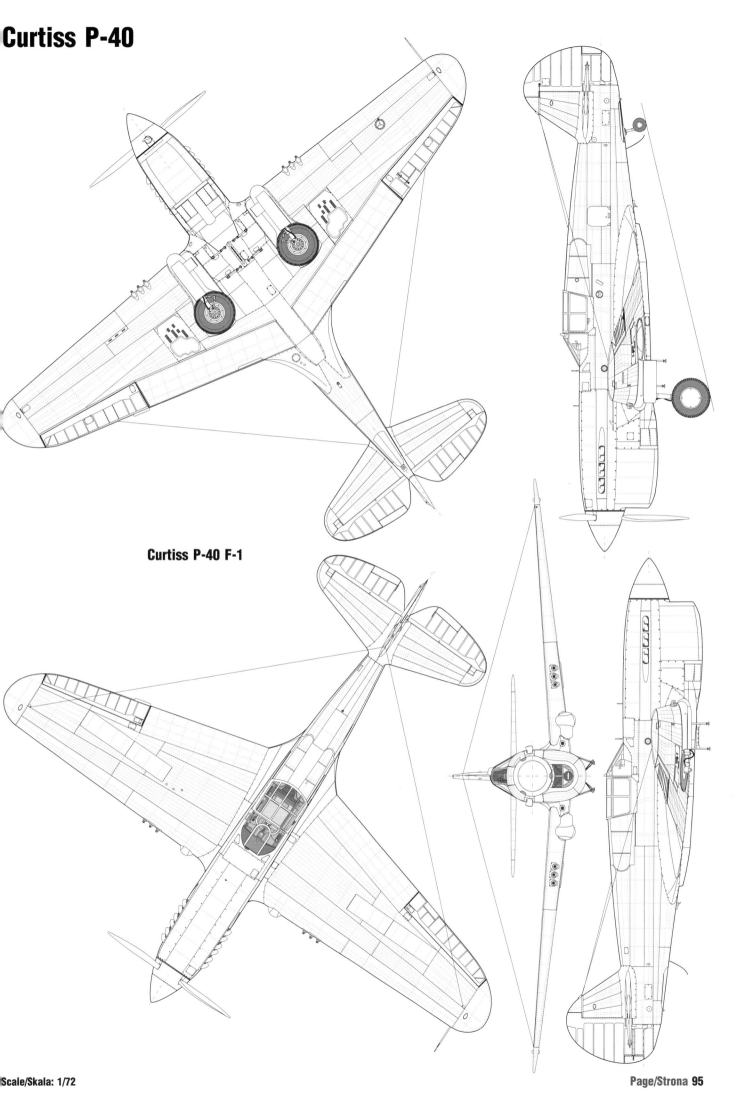

Curtiss P-40 F-1

Curtiss
P-40

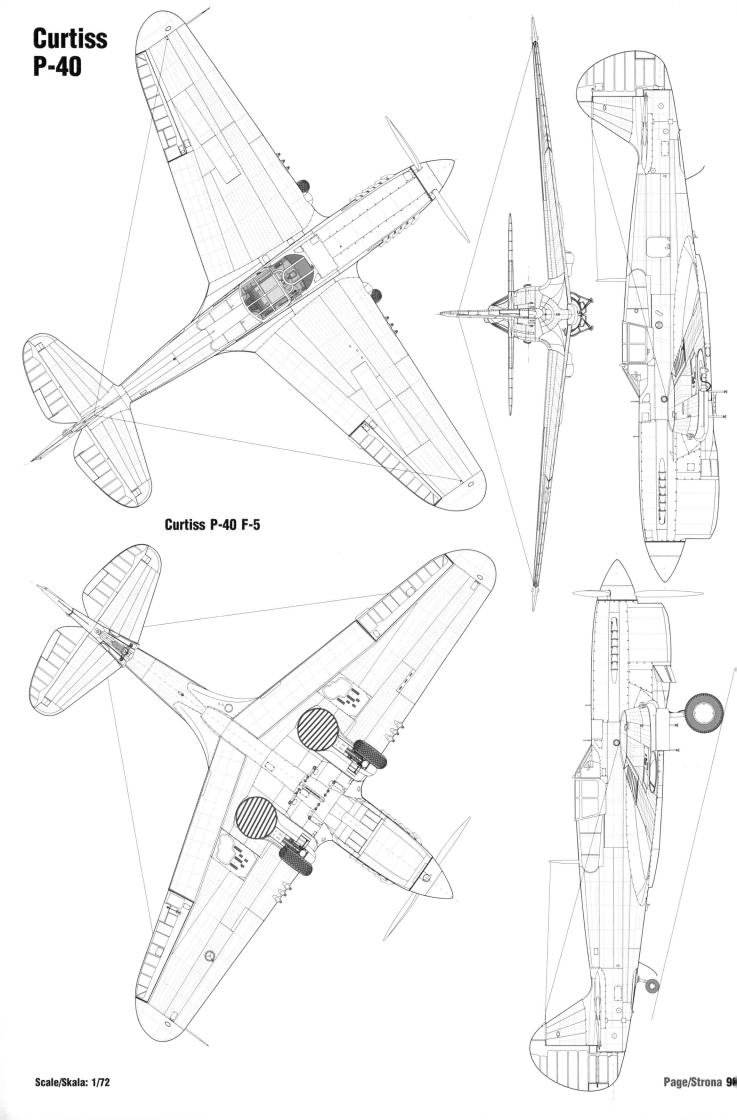

Curtiss P-40 F-5

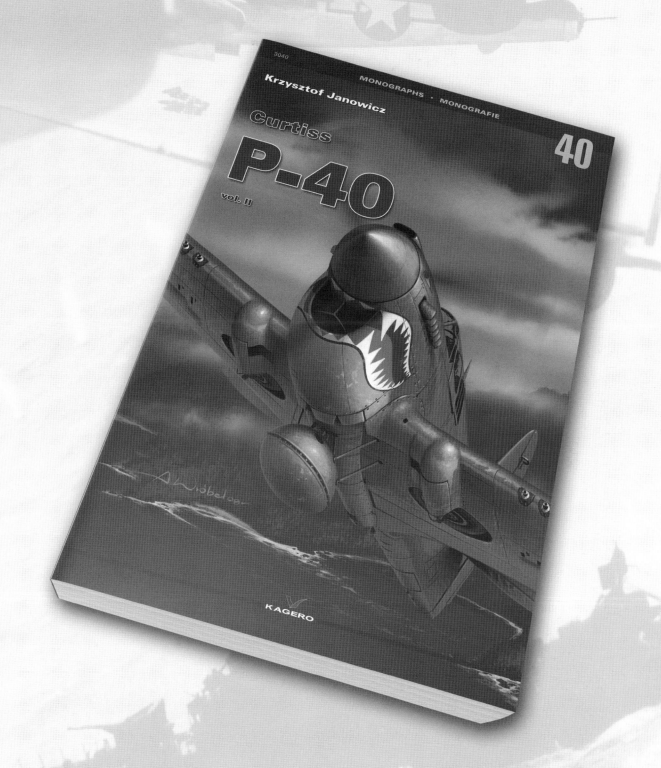

P-51 Mustang

Drawings/Rysował: Mariusz Łukasik

P-51B-10-NA - port/ widok z lewej

The drawings have been prepared using previously published literature, documentary evidence and contemporary photographs.
Rysunki zostały opracowane na podstawie podanej literatury oraz zdjęć dokumentalnych.

P-51B-10-NA - underside/ widok z dołu

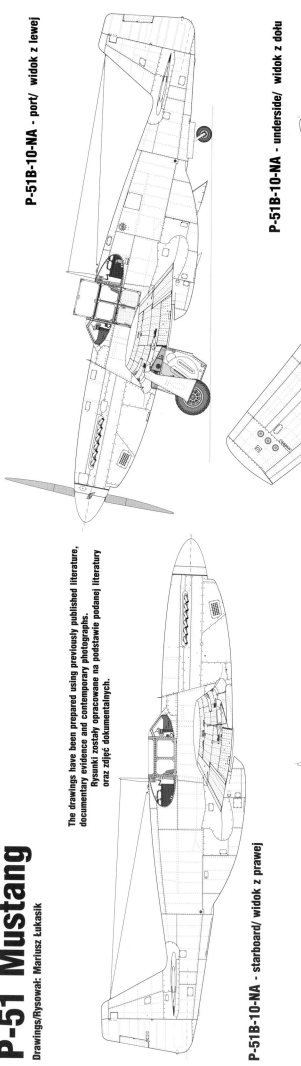

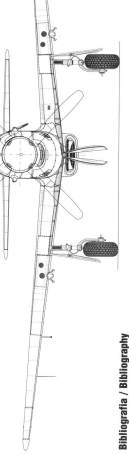

P-51B-10-NA - starboard/ widok z prawej

P-51B-5-NA - front/ widok z przodu

Bibliografia / Bibliography

B. Kinzey, P-51 Mustang Detail & Scale Part 1,2, Carrolton 1996
S. Nohara, P-51D Mustang, Tokyo 1996
H. Holmes, North American P-51D Mustang, Oxford 1978
L. Davis, P-51D Mustang walk around, Carrolton 1996
K.H. Regnat, NA P-51 Mustang, Illertissen, 1999
M. O'Leary, NA P-51 Mustang, Oxford 1998
J.B. Żurek, NA P-51 Mustang, Gdańsk 2003
R. Freeman, American Eagles P-51 Mustang , Hersham 2003
J.L. Ethel, P-51 Mustang, London 1990
Air Ministry, Pilot's Notes for Mustang III, London 1944
R. Atkins, The North American P-51 B&C Mustang, Berkshire 1971
F.A. Johnsen, North American P-51 Mustang, North Branch 1996

Attention! In some views the course of riveted joints have been simplified for the drawings clearness
Uwaga! Na części rzutów uproszczono dla czytelności rysunku przebieg szwów nitowych

Scale/skala 1:72

0   0,5   1   2   3m

P-51 Mustang

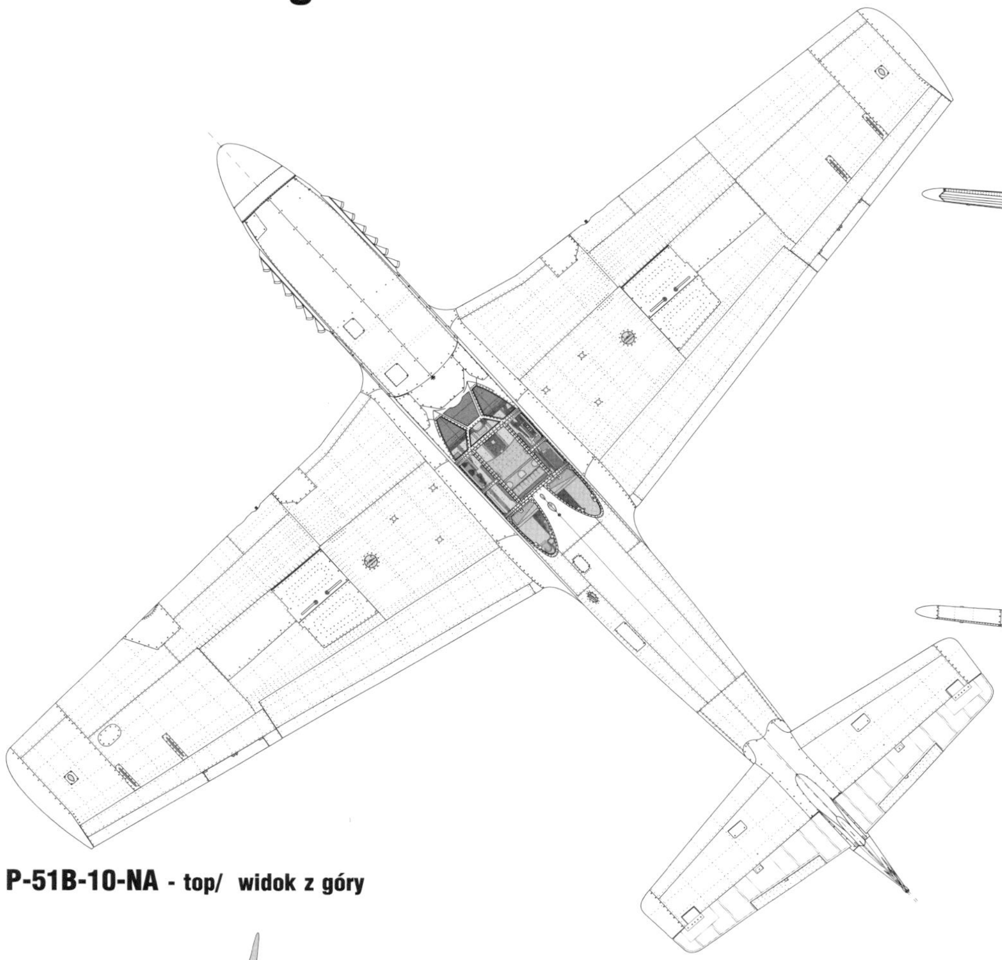

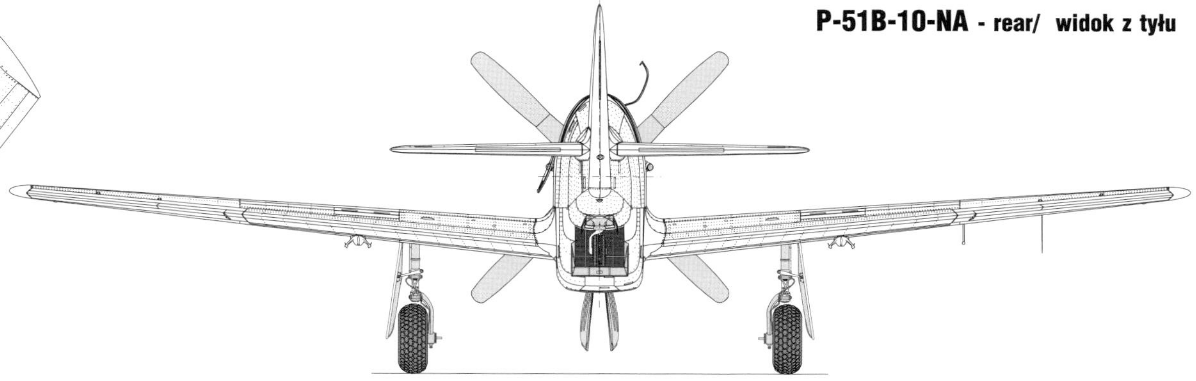

P-51B-10-NA - rear/ widok z tyłu

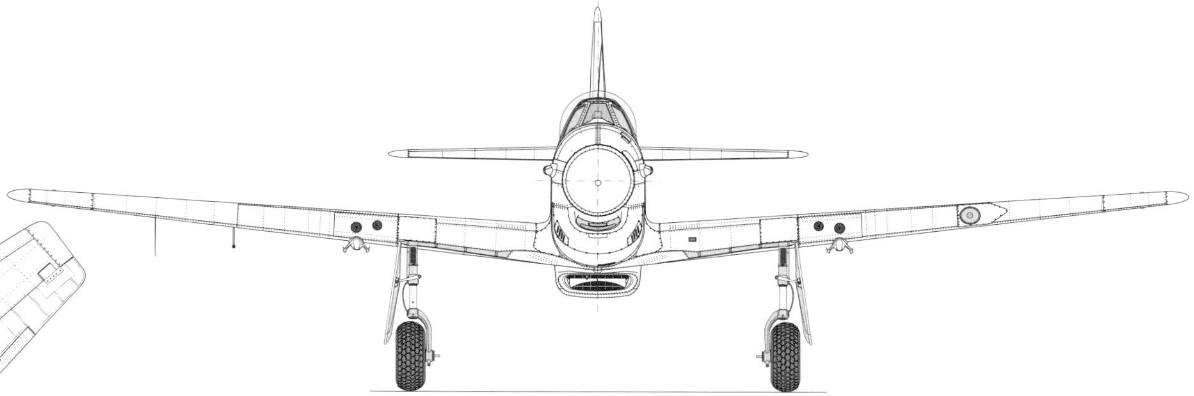

P-51B-15-NA - front/ widok z przodu
with Malcolm Hood/ z osłoną kabiny Malcolma

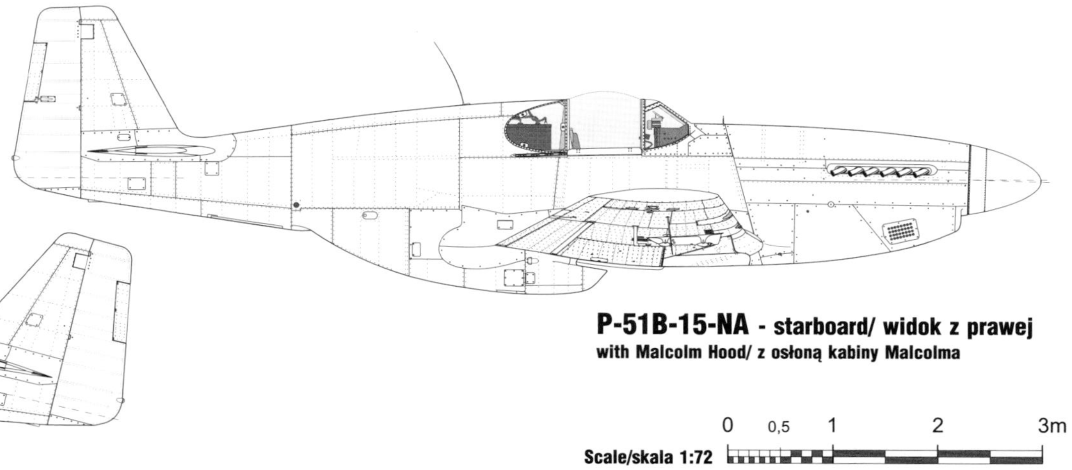

P-51B-15-NA - starboard/ widok z prawej
with Malcolm Hood/ z osłoną kabiny Malcolma

Scale/skala 1:72

0   0,5   1   2   3m

P-51B-10-NA - top/ widok z góry

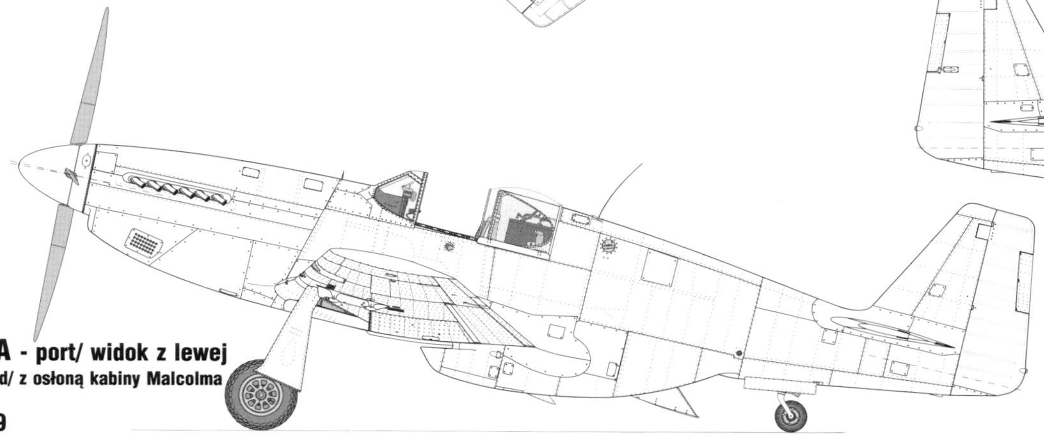

P-51B-15-NA - port/ widok z lewej
with Malcolm Hood/ z osłoną kabiny Malcolma

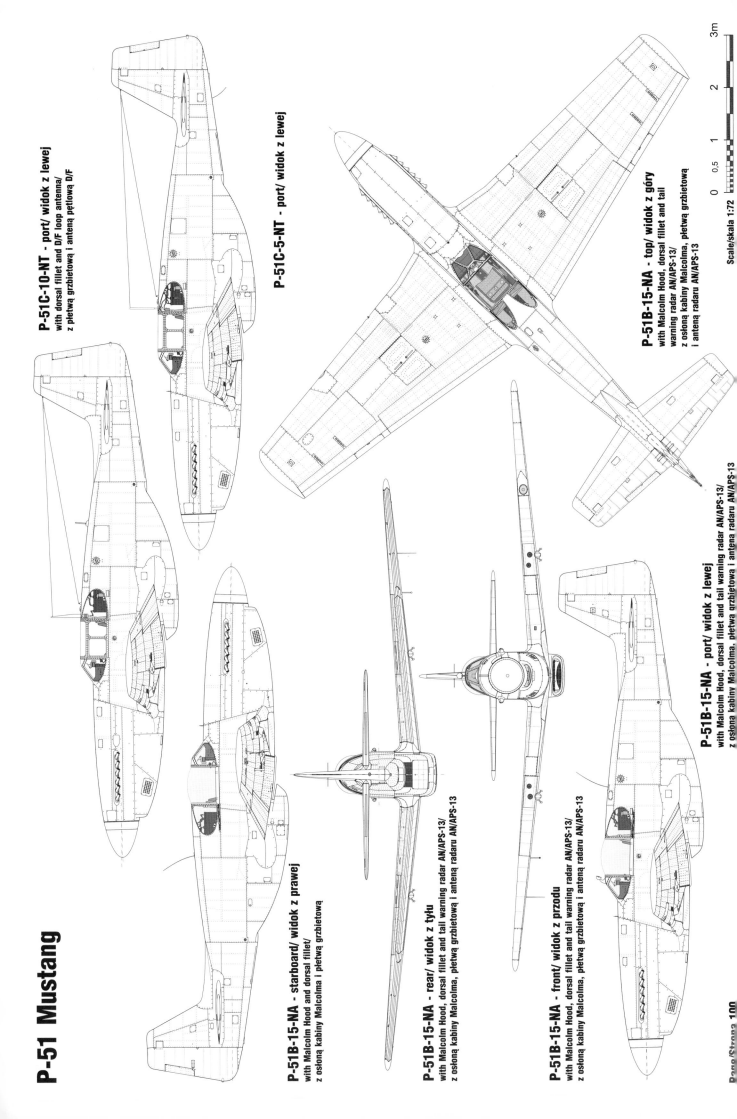

P-51 Mustang

P-51C-10-NT - port/ widok z lewej
with dorsal fillet and D/F loop antenna/
z płetwą grzbietową i anteną pętlową D/F

P-51C-5-NT - port/ widok z lewej

P-51B-15-NA - top/ widok z góry
with Malcolm Hood, dorsal fillet and tail
warning radar AN/APS-13/
z osłoną kabiny Malcolma, płetwą grzbietową
i anteną radaru AN/APS-13

P-51B-15-NA - starboard/ widok z prawej
with Malcolm Hood and dorsal fillet/
z osłoną kabiny Malcolma i płetwą grzbietową

P-51B-15-NA - rear/ widok z tyłu
with Malcolm Hood, dorsal fillet and tail warning radar AN/APS-13/
z osłoną kabiny Malcolma, płetwą grzbietową i anteną radaru AN/APS-13

P-51B-15-NA - front/ widok z przodu
with Malcolm Hood, dorsal fillet and tail warning radar AN/APS-13/
z osłoną kabiny Malcolma, płetwą grzbietową i anteną radaru AN/APS-13

P-51B-15-NA - port/ widok z lewej
with Malcolm Hood, dorsal fillet and tail warning radar AN/APS-13/
z osłoną kabiny Malcolma, płetwą grzbietową i antena radaru AN/APS-13

Scale/skala 1:72

0   0,5   1   2   3m

P-51 Mustang

P-51D-5-NA - starboard/ widok z prawej

P-51D-5-NA - underside/ widok z dołu

P-51D-5-NA - rear/ widok z tyłu

P-51D-5-NA - front/ widok z przodu

P-51D-5-NA - port/ widok z lewej

Scale/skala 1:72

0   0,5   1   2   3m

P-51 Mustang

P-51D-5-NA - top/ widok z góry

P-51D-25-NA - rear/ widok z tyłu
with 10 rockets HVAR 127 mm/
z 10 rakietami HVAR kal 127 mm

P-51D-25-NA - front/ widok z przodu
with 10 rockets HVAR 127 mm/ z 10 rakietami HVAR kal 127 mm

P-51D-25-NA - port/ widok z lewej
with 10 rockets HVAR 127 mm/
z 10 rakietami HVAR kal 127 mm

P-51D-25-NA - starboard/ widok z prawej
with 10 rockets HVAR 127 mm/
z 10 rakietami HVAR kal 127 mm

Scale/skala 1:72

0   0,5   1   2   3m

P-51 Mustang

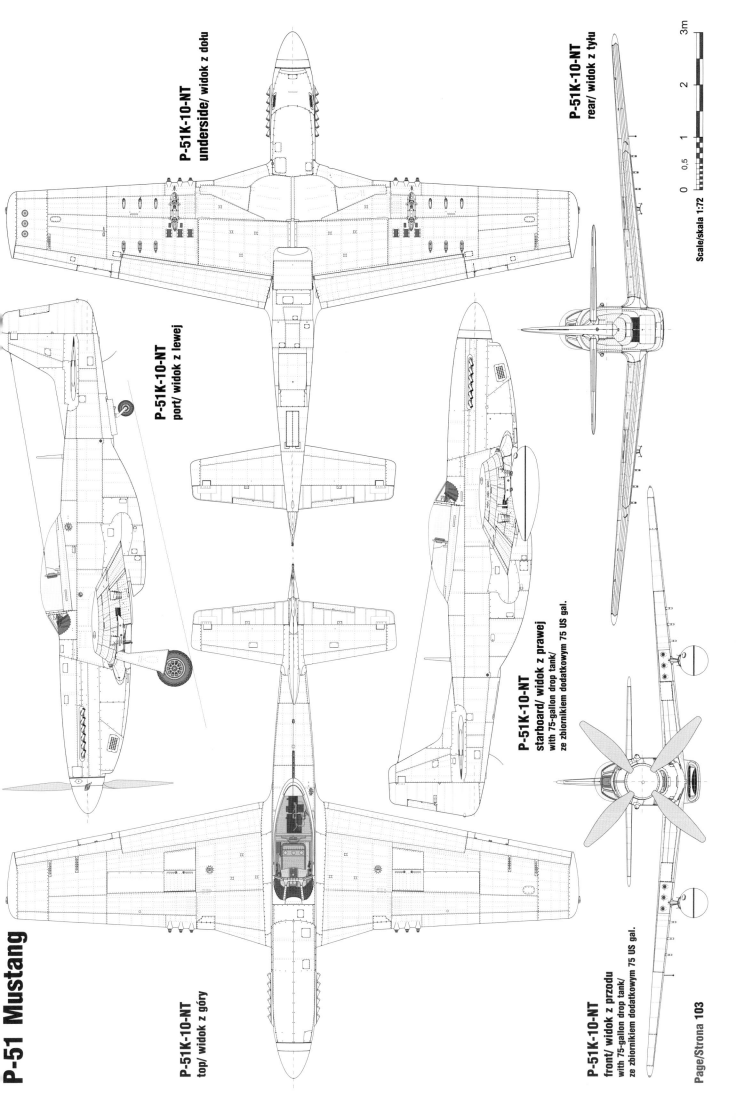

P-51K-10-NT
underside/ widok z dołu

P-51K-10-NT
port/ widok z lewej

P-51K-10-NT
rear/ widok z tyłu

P-51K-10-NT
starboard/ widok z prawej
with 75-gallon drop tank/
ze zbiornikiem dodatkowym 75 US gal.

P-51K-10-NT
top/ widok z góry

P-51K-10-NT
front/ widok z przodu
with 75-gallon drop tank/
ze zbiornikiem dodatkowym 75 US gal.

Scale/skala 1:72

0   0,5   1   2   3m

P-51 Mustang

F-6C-10-NT - port/ widok z lewej

TF-51D - port/ widok z lewej

F-6K-10-NT - starboard/ widok z prawej

F-6K-10-NT - port/ widok z lewej

F-6K-10-NT - underside/ widok z dołu

Scale/skala 1:72

0   0,5   1   2   3m

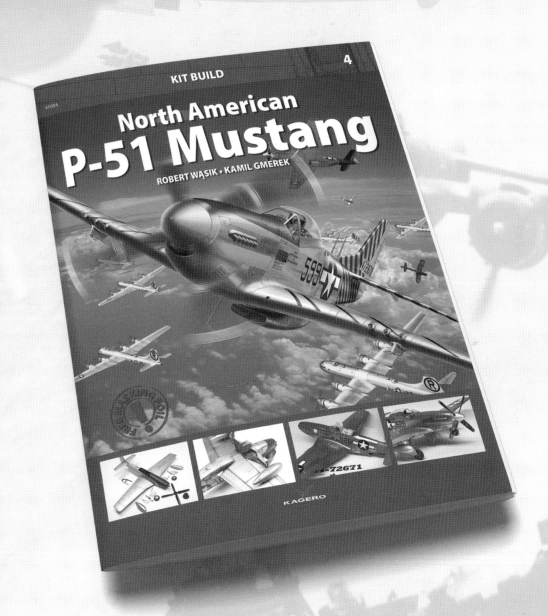

SBD Dauntless

Drawings/Rysował: Mariusz Łukasik

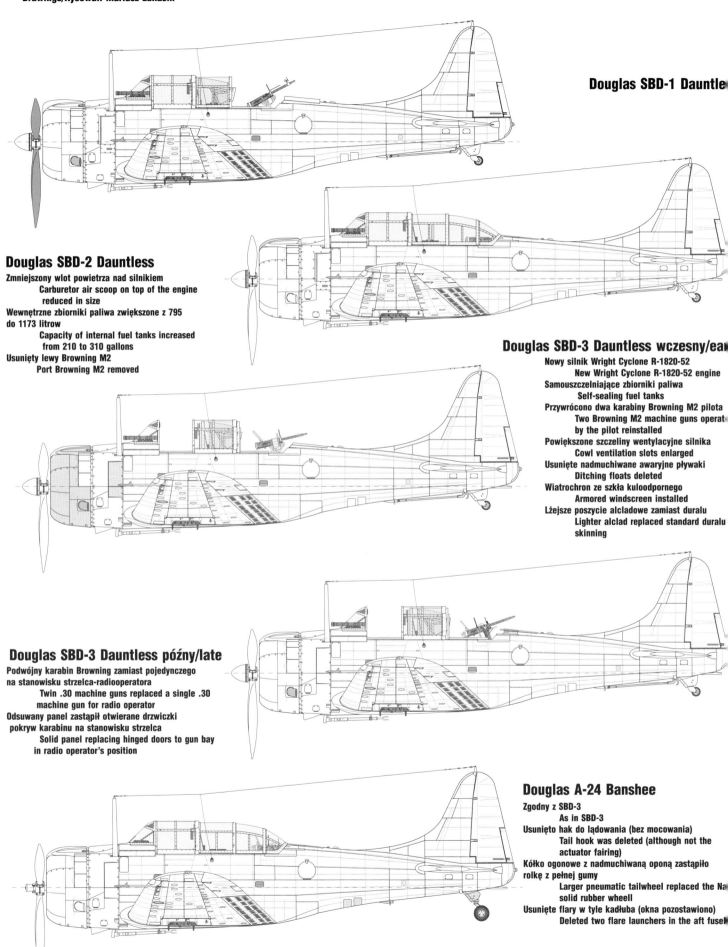

Douglas SBD-1 Dauntle

Douglas SBD-2 Dauntless

Zmniejszony wlot powietrza nad silnikiem
> Carburetor air scoop on top of the engine
> reduced in size

Wewnętrzne zbiorniki paliwa zwiększone z 795
do 1173 litrów
> Capacity of internal fuel tanks increased
> from 210 to 310 gallons

Usunięty lewy Browning M2
> Port Browning M2 removed

Douglas SBD-3 Dauntless wczesny/ea

Nowy silnik Wright Cyclone R-1820-52
> New Wright Cyclone R-1820-52 engine

Samouszczelniające zbiorniki paliwa
> Self-sealing fuel tanks

Przywrócono dwa karabiny Browning M2 pilota
> Two Browning M2 machine guns operat
> by the pilot reinstalled

Powiększone szczeliny wentylacyjne silnika
> Cowl ventilation slots enlarged

Usunięte nadmuchiwane awaryjne pływaki
> Ditching floats deleted

Wiatrochron ze szkła kuloodpornego
> Armored windscreen installed

Lżejsze poszycie alcladowe zamiast duralu
> Lighter alclad replaced standard duralu
> skinning

Douglas SBD-3 Dauntless późny/late

Podwójny karabin Browning zamiast pojedynczego
na stanowisku strzelca-radiooperatora
> Twin .30 machine guns replaced a single .30
> machine gun for radio operator

Odsuwany panel zastąpił otwierane drzwiczki
pokryw karabinu na stanowisku strzelca
> Solid panel replacing hinged doors to gun bay
> in radio operator's position

Douglas A-24 Banshee

Zgodny z SBD-3
> As in SBD-3

Usunięto hak do lądowania (bez mocowania)
> Tail hook was deleted (although not the
> actuator fairing)

Kółko ogonowe z nadmuchiwaną oponą zastąpiło
rolkę z pełnej gumy
> Larger pneumatic tailwheel replaced the Na
> solid rubber wheel

Usunięte flary w tyle kadłuba (okna pozostawiono)
> Deleted two flare launchers in the aft fusel

0   0,5   1   2   3m

SBD Dauntless

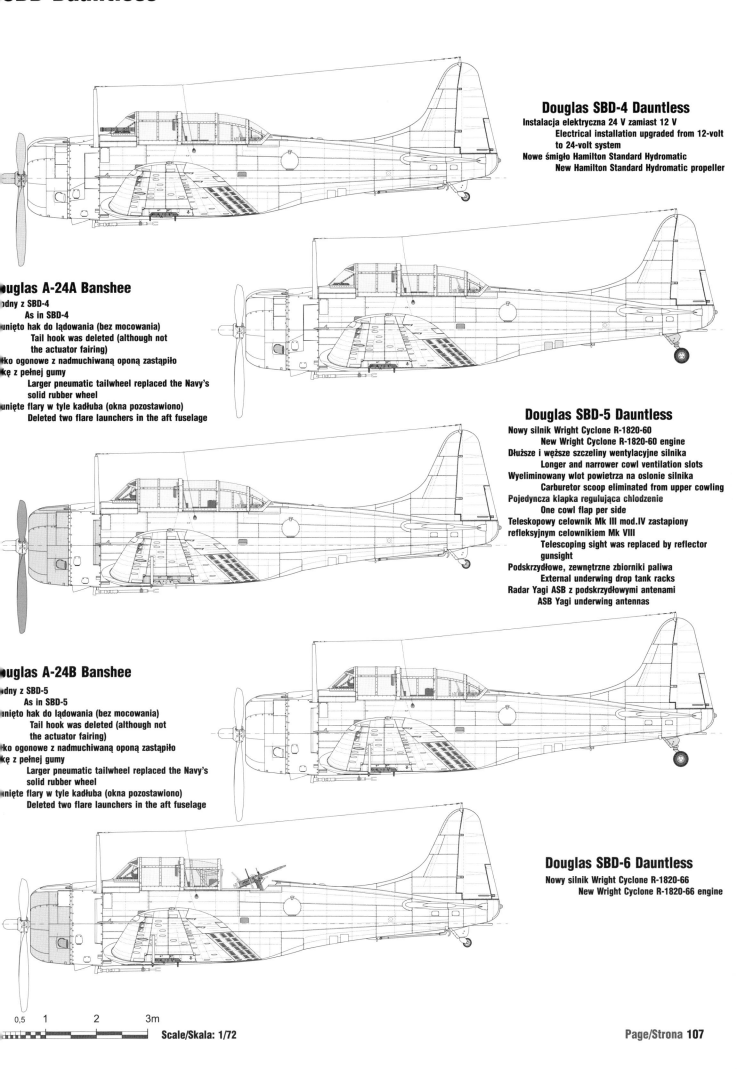

Douglas SBD-4 Dauntless
Instalacja elektryczna 24 V zamiast 12 V
Electrical installation upgraded from 12-volt to 24-volt system
Nowe śmigło Hamilton Standard Hydromatic
New Hamilton Standard Hydromatic propeller

Douglas A-24A Banshee
dny z SBD-4
    As in SBD-4
unięto hak do lądowania (bez mocowania)
    Tail hook was deleted (although not the actuator fairing)
ko ogonowe z nadmuchiwaną oponą zastąpiło
kę z pełnej gumy
    Larger pneumatic tailwheel replaced the Navy's solid rubber wheel
unięte flary w tyle kadłuba (okna pozostawiono)
    Deleted two flare launchers in the aft fuselage

Douglas SBD-5 Dauntless
Nowy silnik Wright Cyclone R-1820-60
    New Wright Cyclone R-1820-60 engine
Dłuższe i węższe szczeliny wentylacyjne silnika
    Longer and narrower cowl ventilation slots
Wyeliminowany wlot powietrza na osłonie silnika
    Carburetor scoop eliminated from upper cowling
Pojedyncza klapka regulująca chłodzenie
    One cowl flap per side
Teleskopowy celownik Mk III mod.IV zastąpiony refleksyjnym celownikiem Mk VIII
    Telescoping sight was replaced by reflector gunsight
Podskrzydłowe, zewnętrzne zbiorniki paliwa
    External underwing drop tank racks
Radar Yagi ASB z podskrzydłowymi antenami
    ASB Yagi underwing antennas

Douglas A-24B Banshee
dny z SBD-5
    As in SBD-5
unięto hak do lądowania (bez mocowania)
    Tail hook was deleted (although not the actuator fairing)
ko ogonowe z nadmuchiwaną oponą zastąpiło
kę z pełnej gumy
    Larger pneumatic tailwheel replaced the Navy's solid rubber wheel
unięte flary w tyle kadłuba (okna pozostawiono)
    Deleted two flare launchers in the aft fuselage

Douglas SBD-6 Dauntless
Nowy silnik Wright Cyclone R-1820-66
    New Wright Cyclone R-1820-66 engine

0,5 1   2   3m

Scale/Skala: 1/72

SBD Dauntless

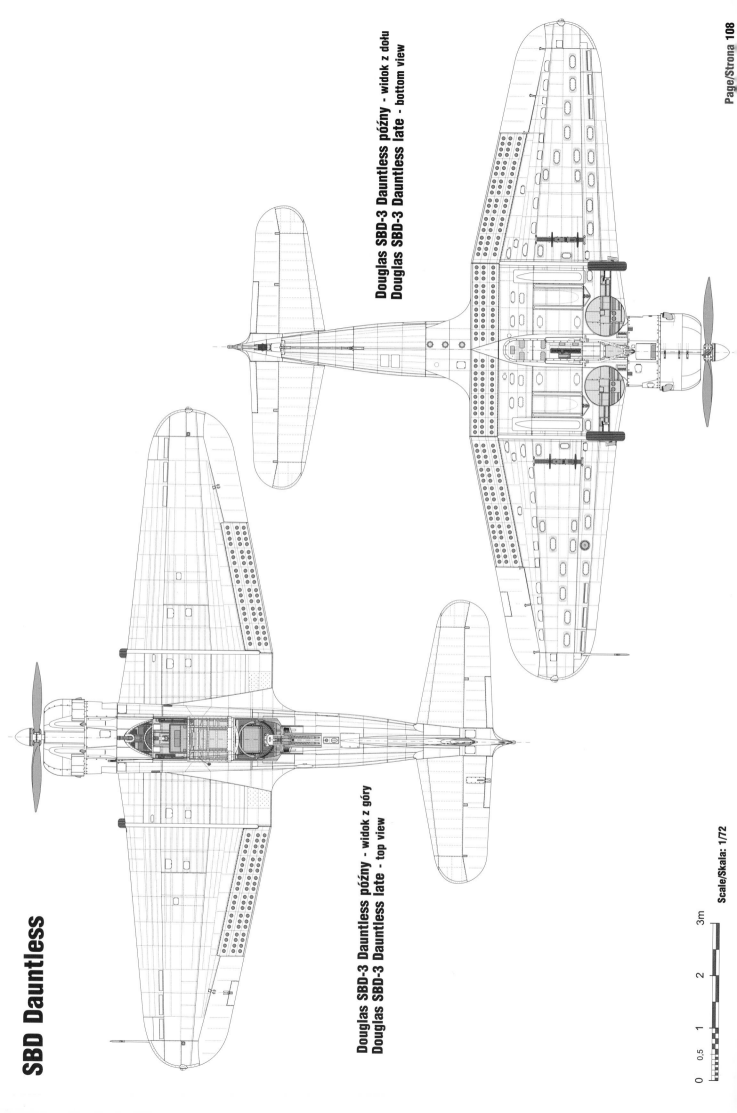

Douglas SBD-3 Dauntless późny - widok z góry
Douglas SBD-3 Dauntless late - top view

Douglas SBD-3 Dauntless późny - widok z dołu
Douglas SBD-3 Dauntless late - bottom view

Scale/Skala: 1/72

0   0,5   1   2   3m

SBD Dauntless

Douglas SBD-5 Dauntless - widok z góry
Douglas SBD-5 Dauntless - top view

Douglas SBD-5 Dauntless - widok z dolu
Douglas SBD-5 Dauntless - bottom view

Scale/Skala: 1/72

0   0,5   1   2   3m

SBD Dauntless

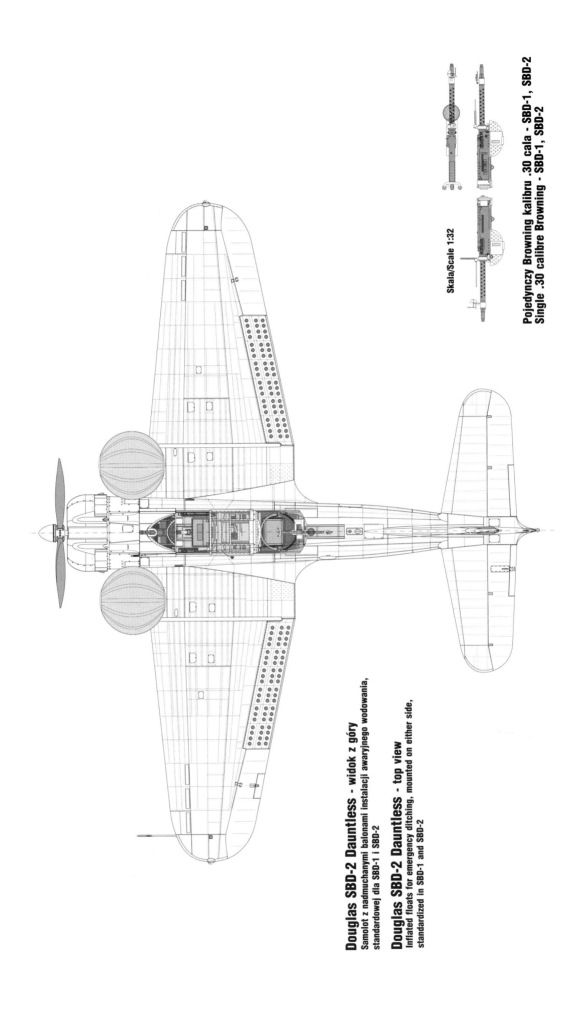

Douglas SBD-2 Dauntless - widok z góry
Samolot z nadmuchanymi balonami instalacji awaryjnego wodowania, standardowej dla SBD-1 i SBD-2

Douglas SBD-2 Dauntless - top view
Inflated floats for emergency ditching, mounted on either side, standardized in SBD-1 and SBD-2

Skala/Scale 1:32

Pojedynczy Browning kalibru .30 cala - SBD-1, SBD-2
Single .30 calibre Browning - SBD-1, SBD-2

0   0.5   1   2   3m

Scale/Skala: 1/72

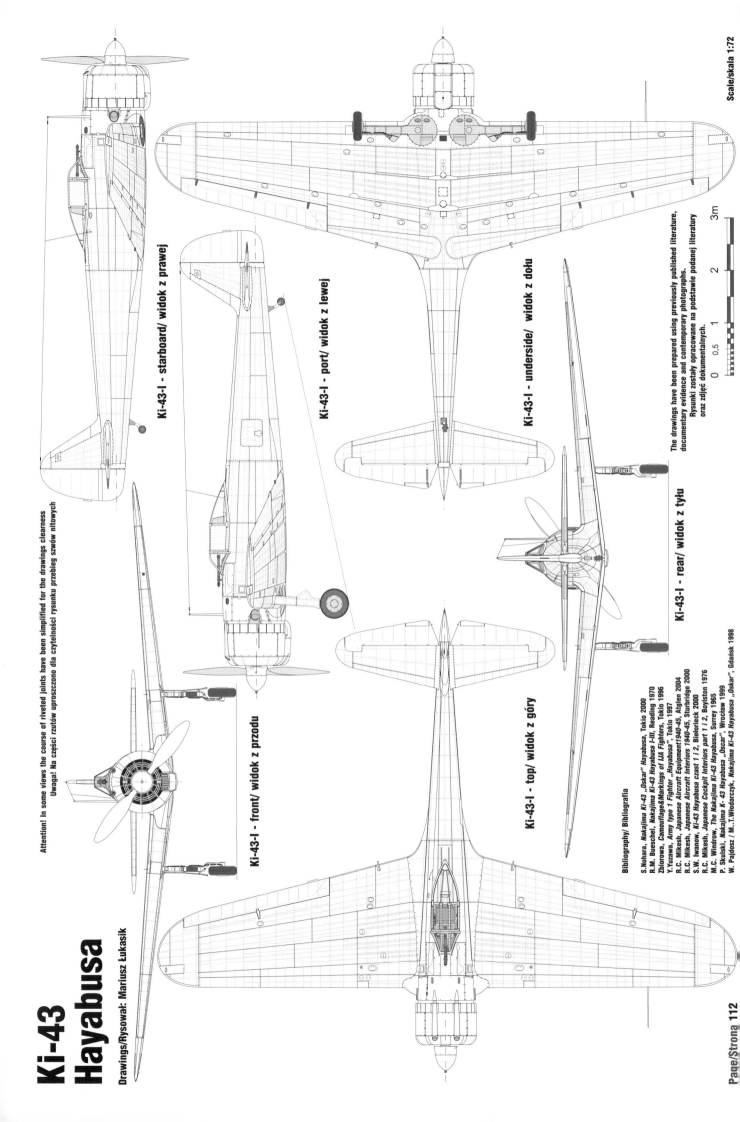

Ki-43
Hayabusa

Drawings/Rysował: Mariusz Łukasik

Attention! In some views the course of riveted joints have been simplified for the drawings clearness
Uwaga! Na części rzutów uproszczono dla czytelności rysunku przebieg szwów nitowych

Ki-43-I - starboard/ widok z prawej

Ki-43-I - port/ widok z lewej

Ki-43-I - underside/ widok z dołu

Ki-43-I - rear/ widok z tyłu

Ki-43-I - front/ widok z przodu

Ki-43-I - top/ widok z góry

Scale/skala 1:72

0   0,5   1   2   3m

The drawings have been prepared using previously published literature,
documentary evidence and contemporary photographs.
Rysunki zostały opracowane na podstawie podanej literatury
oraz zdjęć dokumentalnych.

Bibliography/ Bibliografia

S.Nohara, Nakajima Ki-43 „Oskar" Hayabusa, Tokio 2000
R.M. Bueschel, Nakajima Ki-43 Hayabusa I-III, Reading 1970
Zbiorowa, Camouflage&Markings of IJA Fighters, Tokio 1996
Y.Yuzawa, Army type 1 Fighter „Hayabusa", Tokio 1997
R.C. Mikesh, Japanese Aircraft Equipment1940-45, Atglen 2004
R.C. Mikesh, Japanese Aircraft Interiors 1940-45, Sturbridge 2000
S.W. Iwanow, Ki-43 Hayabusa część 1 i 2, Biełorieck 2000
R.C. Mikesh, Japanese Cockpit Interiors part 1 i 2, Boylston 1976
M.C. Windrow, The Nakajima Ki-43 Hayabusa, Surrey 1965
P. Skulski, Nakajima K- 43 Hayabusa „Oscar", Wrocław 1999
W. Pajdosz / M..T.Włodarczyk, Nakajima Ki-43 Hayabusa „Oskar", Gdańsk 1998

Ki-43 Hayabusa

**Ki-43-II pre-production series/ seria wstępna
starboard/ widok z prawej**

**Ki-43-II pre-production series/ seria wstępna
port/ widok z lewej**

**Ki-43-II pre-production series/ seria wstępna
underside/ widok z dołu**

**Ki-43-II pre-production series/ seria wstępna
front/ widok z przodu**

**Ki-43-II pre-production series/ seria wstępna
top/ widok z góry**

**Ki-43-II pre-production series/ seria wstępna
rear/ widok z tyłu**

Scale/skala 1:72

0   0,5   1   2   3m

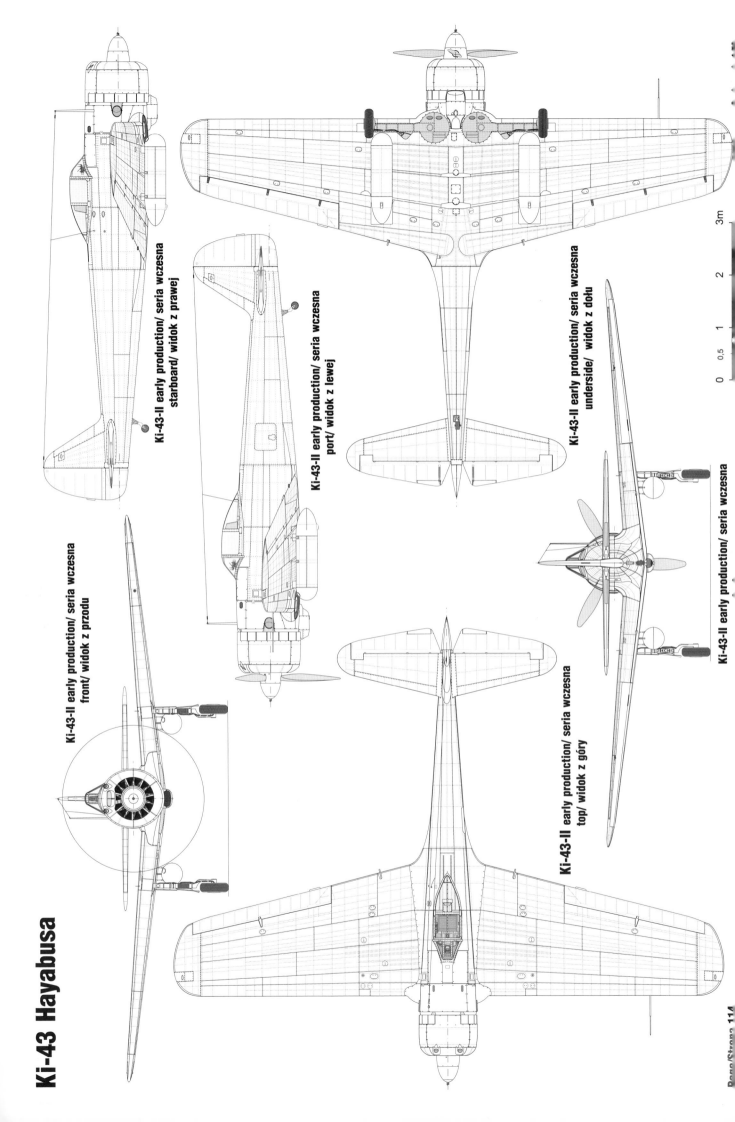

Ki-43 Hayabusa

Ki-43-II early production/ seria wczesna
starboard/ widok z prawej

Ki-43-II early production/ seria wczesna
port/ widok z lewej

Ki-43-II early production/ seria wczesna
underside/ widok z dołu

Ki-43-II early production/ seria wczesna
front/ widok z przodu

Ki-43-II early production/ seria wczesna
top/ widok z góry

Ki-43-II early production/ seria wczesna

3m

2

1

0,5

0

Ki-43 Hayabusa

Ki-43-II mid-production/ seria środkowa
front/ widok z przodu

Ki-43-II mid-production/ seria środkowa
port/ widok z lewej

Ki-43-II mid-production/ seria środkowa
starboard/ widok z prawej

Ki-43-II mid-production/ seria środkowa
underside/ widok z dołu

Ki-43-II mid-production/ seria środkowa
rear/ widok z tyłu

Ki-43-II mid-production/ seria środkowa
top/ widok z góry

Scale/skala 1:72

0   0,5   1   2   3m

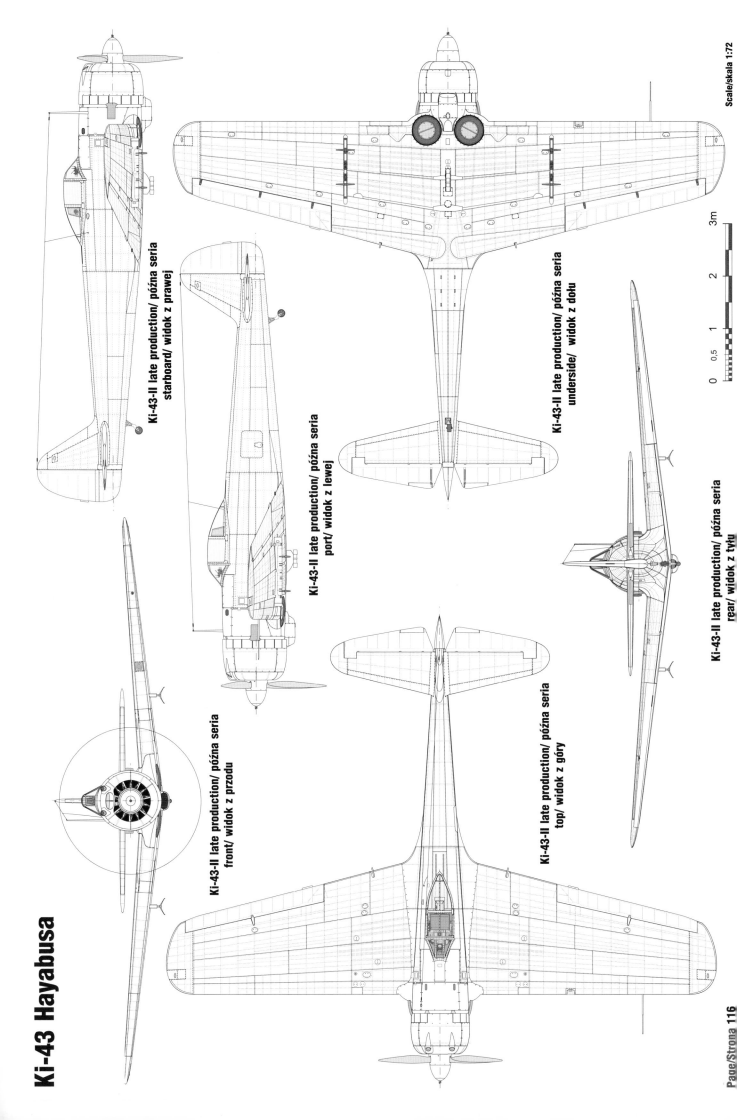

Ki-43 Hayabusa

Ki-43-II late production/ późna seria
starboard/ widok z prawej

Ki-43-II late production/ późna seria
port/ widok z lewej

Ki-43-II late production/ późna seria
front/ widok z przodu

Ki-43-II late production/ późna seria
underside/ widok z dołu

Ki-43-II late production/ późna seria
top/ widok z góry

Ki-43-II late production/ późna seria
rear/ widok z tyłu

Scale/skala 1:72

0   0,5   1   2   3m

Ki-43 Hayabusa

Ki-43-II final production/ seria końcowa
starboard/ widok z prawej

Ki-43-II final production/ seria końcowa
port/ widok z lewej

Ki-43-II final production/ seria końcowa
underside/ widok z dołu

Ki-43-II final production/ seria końcowa
front/ widok z przodu

Ki-43-II final production/ seria końcowa
rear/ widok z tyłu

Ki-43-II final production/ seria końcowa
top/ widok z góry

Scale/skala 1:72

0   0,5   1   2   3m

Ki-43 Hayabusa

Ki-43-III Ko
starboard/ widok z prawej

Ki-43-III Ko
front/ widok z przodu

Ki-43-III Ko
underside/ widok z dołu

Ki-43-III Ko
rear/ widok z tyłu

Ki-43-III Ko
top/ widok z góry

Ki-43-III Ko
port/ widok z lewej

Scale/skala 1:72

0   0,5   1   2   3m

Ki-43 Hayabusa

N.B.
All modifications depicted herein were introduced at production plants. Many of them were subsequently retrofitted under field conditions in earlier models during overhauls or when such need arose.

Uwaga
Wszystkie zmiany dotyczą fabrycznie wprowadzanych modyfikacji samolotów montowanych w zakładach produkcyjnych. W warunkach frontowych wiele tych zmian było dokonywanych także na maszynach wcześniejszych wersji podczas remontów oraz w ramach uzupełnień i modyfikacji.

Ki-43-I

* introduced during the production run/ już w trakcie produkcji tej wersji :
- armament: 2 x 7.7 mm machine guns, or 1 x 7.7 mm and 1 X 12.7 mm, or 2 x 12.7 mm/
  uzbrojenie: 2 karabiny maszynowe kal. 7.7 mm lub 1×7,7 i 1×12,7 mm, lub 2×12,7 mm
- fuel tanks fitted with external, self-sealing layer/ zbiorniki paliwa z zewnętrzną okładziną uszczelniającą
- provision for mounting auxiliary, underwing fuel tanks/ dodatkowe zbiorniki paliwa na zaczepach pod skrzydłami
- wing construction strengthened/ wzmocniona konstrukcja skrzydeł

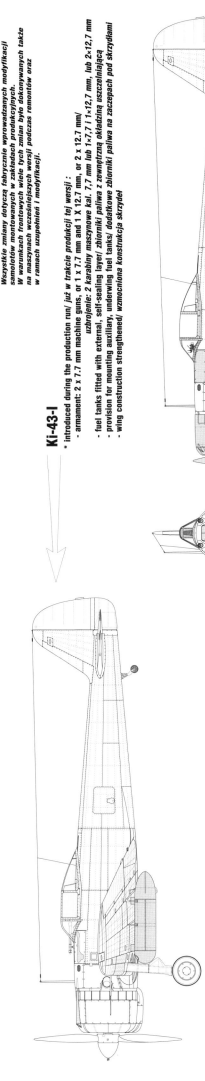

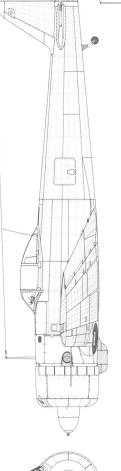

Ki-43-II pre-production series/ seria wstępna (shoki; zenki zen-gata)

- Ha-115 engine fitted with two-speed supercharger/ silnik Ha-115 z dwubiegową sprężarką
- three-bladed propeller of 2,800 mm in diameter/ trójłopatowe śmigło o średnicy 2800 mm
- new propeller spinner/ inny kołpak śmigła
- engine cowling reshaped/ inny kształt osłony silnika
- number of engine cooling flaps reduced to 7 on either side/ liczba klapek żaluzji chłodzących zmniejszona do 7 z każdej strony
- carburettor air intake in the upper part of engine cowling/ wlot powietrza do gaźnika w górnej części osłony silnika
- additional oil cooler mounted under engine/ dodatkowa mała chłodnica oleju pod silnikiem
- front fuselage lengthened by 60 mm and higher (in cross-section) by 50 mm/ przód kadłuba dłuższy o 60 mm i wyższy (w przekroju poprzecznym) o 50 mm
- wingtips slimmer by 300 mm (wingspan decreased by 600 mm)/ węższe o 30 cm końcówki skrzydeł (rozpiętość skrzydeł mniejsza o 60 cm)
- cockpit canopy redesigned (number of bracing struts reduced)/ inna osłona kabiny pilota (nieco inny kształt, mniejsza liczba ram wzmacniających)
- tailplanes and elevators reshaped/ zmodyfikowany kształt stateczników poziomych (i sterów wysokości)
- Type 100 reflector gunsight mounted/ celownik refleksyjny Typ 100
- antenna mast shortened/ skrócony maszt antenowy
- armament: 2 x 12.7 mm machine guns/ uzbrojenie: 2 karabiny maszynowe kal. 12,7 mm
- machine gun access hatches smoothed/ brak przetłoczeń na pokrywach dostępu do karabinów maszynowych
- main landing gear bay doors modified/ zmodyfikowane osłony kół podwozia głównego
- wheel hubs reshaped/ inny kształt osłon piast kół

Ki-43-II mid-production/ seria środkowa (chuki; koki zen-gata)

- engine cowling reshaped/ inny kształt osłony silnika
- smaller diameter of engine air cooling intake/ mniejsza średnica otworu wlotowego powietrza chłodzącego silnik
- carburettor air intake reshaped/ inny kształt wlotu powietrza do gaźnika
- slightly longer troughs of cowl-mounted machine guns/ nieco dłuższe wyloty karabinów nad silnikiem

Ki-43-II early production/ seria wczesna (zenki; zenki ko-gata)

- lack of annular oil cooler ahead of the engine/ brak pierścieniowej chłodnicy oleju przed silnikiem
- oil cooler intake under engine deepened/ powiększona obudowa chłodnicy oleju pod silnikiem
- armour plate behind the pilot's seat/ płyta pancerna za głową pilota

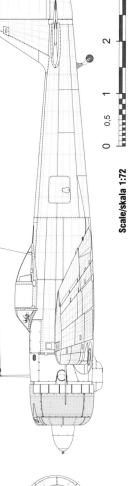

Scale/skala 1:72

0   0,5   1   2   3m

Ki-43 Hayabusa

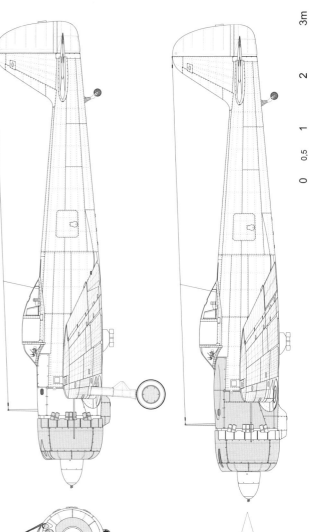

Ki-43-II late production/ seria późna *(koki; koki ko-gata)*

- exhaust pipes lengthened, flattened and pointing aft/ *rury wydechowe przedłużone, spłaszczone i wygięte do tyłu*
- roll bar behind the pilot's seat widened and strengthened (a low fuel warning buzzer added on the right hand side)/ *wzmocniony i poszerzony kozioł przeciwkapotażowy za głową pilota (po prawej stronie dodano brzęczyk ostrzegający o zbyt niskim poziomie paliwa)*
- strengthened armour plate behind pilot's seat/ *wzmocnione opancerzenie za fotelem pilota*

* modifications introduced during the production run/ *już w trakcie produkcji tej serii:*
  - fuel cooler underneath the central fuselage/ *chłodnica paliwa pod kadłubem*
  - fuel tanks fitted with internal self-sealing layer (fuel capacity reduced by 36 dm3)/ *samouszczelniające zbiorniki paliwa z wewnętrzną warstwą uszczelniającą (zmniejszenie pojemności zbiorników o 36 dm3)*
  - landing light added on port wing's leading edge/ *reflektor do lądowania w krawędzi natarcia lewego skrzydła*
  - underwing hardpoint mountings moved outboard of the main landing gear/ *punkty mocowania belek na bomby przeniesione na zewnątrz podwozia*
  - new, universal hardpoint mountings for either bombs or drop tanks/ *nowe uniwersalne belki z zaczepami dla bomb lub zbiorników paliwa*
  - additional bomb racks for 15 kg bombs/ *dodatkowe podkadłubowe wyrzutniki dla bomb o masie 15 kg*

Ki-43-II final or modified production/ seria końcowa lub zmodyfikowana *(makki; kai)*

- 12 individual exhaust stacks grouped 1-3-2/ *zmieniony układ wydechowy na 12 pojedynczych rur w układzie (od góry) 1-3-2*
- engine cooling flaps modified/ *zmodyfikowane klapki żaluzji chłodzenia silnika*

Ki-43-III Ko

- upgraded Ha-115-II engine fitted with two-speed supercharger and methanol-water emergency boost/ *silnik Ha-115-II z dwubiegową sprężarką i wtryskiem mieszanki wodno-metanolowej*
- 70 l methanol-water tank mounted in the fuselage behind pilot's seat/ *zbiornik wody i metanolu o pojemności 70 l w kadłubie za kabiną pilota*
- methanol-water tank filler port aft of the roll bar/ *wlew do zbiornika wody i metanolu za kozłem przeciwkapotażowym*
- opening in the canopy to access the methanol-water tank filler port/ *otwór w osłonie kabiny umożliwiający dostęp do wlewu do zbiornika wody i metanolu*

* modifications introduced during the production run/ *już w takcie produkcji tej wersji:*
  - engine cowling reshaped/ *zmodyfikowany kształt osłony silnika*
  - 14 seperate exhaust stacks grouped 2-3-2/ *zmieniony układ wydechowy na 14 pojedynczych rur w układzie (od góry) 2-3-2*
  - engine cooling flaps reshaped/ *zmienione klapki żaluzji chłodzenia silnika*
  - carburetor air intake reshaped/ *inny kształt wlotu powietrza do gaźnika*
  - cowl machine gun troughs reshaped/ *inny kształt wylotów karabinów nad silnikiem*
  - oil cooler assembly reshaped/ *inny kształt obudowy chłodnicy oleju*
  - wheel hubs reshaped/ *inny kształt osłon piast kół*

Ki-43-III Otsu

- armament: 2 x 20 mm cannons/ *uzbrojenie: 2 działka kal. 20 mm*
- long bulges on cannon access hatches/ *długie przetłoczenia na pokrywach dostępu do działek*
- forward fuselage lengthened by 200 mm/ *przód kadłuba dłuższy o 200 mm*
- upper cowling reshaped/ *zmieniona w górnej części osłona silnika*
- split flaps instead of so-called combat flaps/ *klapy krokodylowe zamiast tzw. klap bojowych*

Scale/skala 1:72

0   0,5   1   2   3m